Subalterno/a
del Ayuntamiento de Vigo

Enero, 2025

Curso

*La diferencia entre aprobar
y sacar plaza*

Subalterno/a

AYUNTAMIENTO DE VIGO

Si aún no dispones de tu **Curso MAD360**, te ofrecemos un acceso GRATIS de 30 días para que disfrutes de los siguientes recursos:

- Técnicas de Memoria 360.
- MADTEST: Test *online* Nivel PRO.
- Temario en formato digital.
- Vídeos.
- Esquemas.
- Planificación de estudio.
- Foro entre opositores hasta la fecha del examen.*
- Recursos y novedades exclusivas.
- Consulta sobre la oposición y el proceso selectivo.
- Actualizaciones legislativas (Boletines Oficiales) hasta 60 días antes de la fecha del examen.*

Para acceder a esta prueba del Curso MAD360** será necesaria la compra de todos los libros para esta especialidad de la edición 2024.

Regístrate en **mad.es/iniciar-sesion** y en la pestaña BIBLIOTECA valida los códigos que encuentras en la última página de tus libros.

NOTA IMPORTANTE:

* Examen de esta categoría profesional correspondiente a la convocatoria publicada en el DOG n.º 219, de 13 de noviembre de 2024, o hasta el 31 de enero de 2026, lo que se cumpla antes, y previa renovación del servicio.

** El acceso al CURSO MAD360 estará disponible desde enero de 2025 (algunos recursos podrían estar disponibles en fecha posterior). Tendrá una duración de 30 días RENOVABLES mediante pago, desde la validación de códigos, o hasta el 31 de julio de 2026, lo que se cumpla antes.

MAD se reserva el derecho a ampliar dichas fechas.

Subalterno/a del Ayuntamiento de Vigo

Test del temario y supuestos prácticos

Autores

LIDIA PONCE MARTÍNEZ
Licenciada en Psicología

JOSÉ LUIS GARRIDO VELA
Licenciado en Derecho

FRANCISCO ENRIQUE RODRÍGUEZ RIVERA
Licenciado en Derecho
Letrado de la Administración de Justicia

JOSEFA GUILLERMA GANCEDO CONS
Licenciada en Derecho
Jefa de Servicio de Gestión y Planificación en la Xunta de Galicia

© 7 Editores Recursos para la Cualificación Profesional y el Empleo, S.L. (7 Editores)
© Los autores
Primera edición, enero 2025 (216 páginas)
Derechos de edición reservados a favor de 7 Editores
IMPRESO EN ESPAÑA
Diseño Portada: 7 Editores
Edita: 7 Editores
Avda. San Francisco Javier, 9 · Edificio Sevilla 2 · Planta 11 · Módulos 25-27 · 41018 Sevilla
Teléfono: 954 784 411 · WEB: www.mad.es · e-mail: administracion@7editores.com
ISBN: 978-84-142-9004-0
© "Editorial Mad" y "Eduforma" son nombres comerciales registrados de
7 Editores Recursos para la Cualificación Profesional y el Empleo, S.L.

Índice

TEST

TEST

TEST N.º 1

La Constitución Española de 1978. Estructura y contenido. Principios generales. Derechos y deberes fundamentales. Garantía y suspensión. El Estatuto de Autonomía de Galicia. Estructura, contenidos, principios y competencias

1. ¿En qué se fundamenta la Constitución Española?

a) En un Estado social y democrático de Derecho.
b) En la indisoluble unidad de la Nación española.
c) En la independencia de los poderes del Estado.
d) En la organización territorial del Estado.

2. Según el artículo 3 de la CE, el castellano es la lengua oficial del Estado y todos los Españoles:

a) Tienen el deber de usar y el derecho de conocer el castellano.
b) Tienen el derecho y el deber de conocer el castellano.
c) Tienen el deber de conocer y el derecho de usar el castellano.
d) Tienen el derecho de conocer y usar el castellano.

3. La Constitución Española reconoce y garantiza el derecho a la autonomía:

a) De las nacionalidades que la integran.
b) De las regiones que la integran.
c) De las Comunidades Autónomas que la integran.
d) De las nacionalidades y regiones que la integran.

4. El Preámbulo de la Constitución:

a) Tiene en sí carácter de norma jurídica.
b) Es una declaración de intenciones, destinada a interpretar lo que se quiere alcanzar con el contenido normativo de la Constitución.
c) Se trata de un texto sin fuerza jurídica de obligar.
d) Las respuestas b) y c) son correctas.

5. Señala la afirmación correcta, respecto de la aprobación, ratificación y publicación de la Constitución Española:

a) Aprobada por las Cortes el 31 de octubre de 1978, ratificada por el pueblo en referéndum el 6 de diciembre de 1978 y publicada el 29 de diciembre de 1978.
b) Aprobada por las Cortes el 30 de octubre de 1978, ratificada por el pueblo en referéndum el 16 de diciembre de 1978 y publicada el 27 de diciembre de 1978.
c) Aprobada por las Cortes el 31 de octubre de 1978, ratificada por el pueblo en referéndum el 16 de diciembre de 1978 y publicada el 29 de diciembre de 1978.
d) Aprobada por las Cortes el 10 de octubre de 1978, ratificada por el pueblo en referéndum el 26 de diciembre de 1978 y publicada el 30 de diciembre de 1978.

6. ¿En qué parte de la Carta Magna se establece la exposición de motivos que impulsan la norma constitucional y los objetivos que con ella se pretenden alcanzar?

a) En el Título preliminar.
b) En el Preámbulo.
c) En el Título I.
d) En el Título II.

7. La Constitución Española fue sancionada por:

a) El Rey.
b) El Presidente del Congreso.
c) Las Cortes Generales.
d) El Presidente del Gobierno.

8. ¿Cuáles de los siguientes españoles de origen pueden ser privados de su nacionalidad?

a) Exclusivamente los miembros de grupos terroristas.
b) Los miembros de grupos terroristas y los que atenten contra el Rey u otro miembro de la Casa Real.
c) Los que atenten contra un miembro de la Familia Real o del Gobierno de la Nación.
d) Ningún español de origen podrá ser privado de su nacionalidad.

9. Según la CE son fundamentos del orden político y la paz social:

a) La dignidad de la persona, los derechos violables que les son inherentes y el respeto a la ley.
b) La dignidad de la persona, el desarrollo limitado de la personalidad y el respeto a la ley.
c) El respeto a la ley, a los reglamentos administrativos y demás disposiciones legales.
d) La dignidad de la persona, los derechos inviolables que le son inherentes, el libre desarrollo de su personalidad, el respeto a la ley y a los derechos de los demás.

10. ¿Cuál de los siguientes es considerado por la CE como uno de los valores superiores del ordenamiento jurídico?

a) La jerarquía normativa.
b) El pluralismo político.
c) La publicidad normativa.
d) La equidad.

11. La forma política del Estado español es:

a) Democracia parlamentaria.
b) Gobierno parlamentario.
c) Monarquía parlamentaria.
d) República democrática.

12. La parte de la CE que regula la estructura de los principales órganos del Estado recibe el nombre de:

a) Parte dogmática.
b) Parte orgánica.
c) Parte estatal.
d) Parte estructural.

13. Según la CE, la soberanía nacional:

a) Corresponde a las Cortes Generales, al estar compuestas por los representantes del pueblo.
b) Corresponde al Rey.
c) Reside en el pueblo español.
d) Corresponde al Gobierno de la Nación elegido directamente por el pueblo.

14. El derecho a la propiedad en nuestra Constitución es un Derecho:

a) Inherente a la condición humana.
b) Absoluto.
c) Limitado por la función social de la misma.
d) Ninguna de las respuestas anteriores es correcta.

15. ¿En qué parte de la Carta Magna se señalan los valores superiores del ordenamiento jurídico?

a) En el Preámbulo.
b) En el Título Preliminar.
c) En el Título I.
d) Ninguna respuesta es correcta.

16. ¿Cuál de las siguientes es una de las características de nuestra Constitución de 1978?

a) Consensuada.
b) Corta.
c) Conservadora.
d) Originalidad.

17. Son el fundamento del orden político y de la paz social:

a) El libre desarrollo de la personalidad.
b) Los derechos inviolables que les son inherentes.
c) El respeto a la ley y a los derechos de los demás.
d) Todas las respuestas son correctas.

18. ¿Qué quedará excluido de extradición?

a) Los delitos criminales.
b) Los delitos políticos.
c) Los actos de terrorismo.
d) Ninguno.

19. ¿Qué debe ser democrático, a tenor de lo dispuesto en la Constitución Española, en los sindicatos de trabajadores y las asociaciones empresariales?

a) Su funcionamiento.
b) Su estructura interna.
c) Su funcionamiento y estructura interna.
d) Sus órganos asamblearios.

20. ¿De cuántos Capítulos consta el Título I de la CE de 1978?

a) De tres.
b) De cinco.
c) De dos.
d) De cuatro.

21. Dispone la Carta Magna que todos contribuirán al sostenimiento de los gastos públicos de acuerdo con su capacidad económica mediante un sistema tributario justo inspirado en los principios de:

a) Legalidad y equidad.
b) Igualdad y progresividad.
c) Publicidad y legalidad.
d) Eficacia y sostenibilidad.

22. Las primeras elecciones democráticas celebradas en España tras la muerte de Franco tuvieron lugar en:

a) 1975.
b) 1976.
c) 1977.
d) 1978.

23. El referéndum en el que se aprobó popularmente la Constitución se llevó a efecto el:

a) 27 de diciembre de 1978.
b) 6 de diciembre de 1978.
c) 31 de octubre de 1978.
d) 29 de diciembre de 1979.

24. La ponencia encargada de redactar el borrador de la Constitución se constituyó en el:

a) Senado.
b) Senado y Congreso de los Diputados.
c) Congreso de los Diputados.
d) Gobierno de la Nación.

25. Si un poder público, en su actuación, infringe lo dispuesto en el Preámbulo de la Constitución:

a) Incurre en nulidad.
b) Incurre en inconstitucionalidad.
c) No pasa nada salvo que, como consecuencia de esa actuación, se infrinja un artículo de la propia Constitución.
d) Nada de lo anterior es cierto.

26. El principio en virtud del cual el ciudadano está amparado por una legislación no sujeta a continuos vaivenes es el de:

a) Legalidad.
b) Publicidad normativa.
c) Seguridad jurídica.
d) Jerarquía normativa.

27. El principio en virtud del cual un Reglamento no puede contradecir una ley es el de:

a) Legalidad.
b) Jerarquía normativa.

c) Las respuestas a) y b) son correctas.
d) Seguridad jurídica.

28. Según la Constitución, una norma que imponga una nueva pena más leve para un delito:

a) No se aplica retroactivamente.
b) Puede aplicarse retroactivamente.
c) Ha de ser reglamentaria.
d) Atenta contra el principio de legalidad penal si se aplica retroactivamente.

29. Todos los españoles, respecto al castellano, tienen el:

a) Derecho-deber de conocerlo.
b) Derecho de usar y deber de conocerlo.
c) Derecho-deber de usarlo.
d) Nada de lo anterior.

30. La capital del Estado en España es:

a) La propia de cada Comunidad Autónoma.
b) La villa de Madrid.
c) Aquella donde se establezca en cada momento el Gobierno de la Nación.
d) Aquella en la que resida generalmente el Rey.

31. Las Comunidades Autónomas deben usar o instalar la bandera española:

a) En sus edificios.
b) En los actos oficiales.
c) Cuando lo solicite el Delegado del Gobierno de la Nación en las mismas.
d) Cuando lo estimen oportuno.

32. Deben tener una estructura interna y un funcionamiento democrático los/las:

a) Partidos Políticos.
b) Colegios Profesionales.
c) Organizaciones Profesionales.
d) Todos ellos.

33. La defensa de la integridad territorial de España se atribuye por la Constitución a/al/a las:

a) Fuerzas y Cuerpos de Seguridad.
b) Fuerzas Armadas.
c) Gobierno de la Nación.
d) Todas las anteriores.

34. El derecho a la vida se consagra en el siguiente artículo de la Constitución:

a) 10.
b) 16.
c) 15.
d) 24.

35. La pena de muerte en España:

a) Ha quedado abolida.
b) Puede aplicarse en cualquier momento.
c) Solo se aplicará, en tiempo de guerra, a los militares.
d) Rige solo en el ámbito civil.

36. La inmediata puesta a disposición judicial derivada del *habeas corpus*, se produce por:

a) Detención ilegal.
b) Prisión ilegal.
c) Prisión preventiva.
d) Detención preventiva.

37. El proceso en el que se enjuicie a un presunto delincuente debe:

a) Ser sumario.
b) No dilatarse.
c) Entorpecer los instrumentos probatorios.
d) Nada de lo anterior es cierto.

38. La entrada en un domicilio en caso de flagrante delito, sin autorización de su titular:

a) Puede dar lugar a la aplicación del habeas corpus.
b) Requiere autorización previa de la autoridad judicial.
c) Puede efectuarse en todo momento.
d) No puede realizarse en momento alguno.

39. Cuando, al conocerse la comisión de un delito por una persona, se acude a su domicilio para detenerla:

a) Está obligada a franquear la entrada.
b) Se necesitará autorización judicial para entrar, si no da su consentimiento para ello.
c) Pese a que no dé su consentimiento, se puede entrar.
d) Nada de lo anterior es correcto.

40. La autorización previa para celebrar una manifestación pública:

a) La da el Subdelegado del Gobierno en la Provincia.
b) Es ineludible.
c) Sería inconstitucional.
d) Se da cuando no se prevean alteraciones al orden público, con peligro para personas o bienes.

41. El tipo de sufragio que consagra la Constitución es el:

a) Proporcional.
b) Universal.
c) Censitario.
d) Las respuestas a) y b) son correctas.

42. Además de la no autoinculpación, la Constitución prevé que no se está obligado a declarar sobre un hecho presuntamente delictivo en caso de:

a) Parentesco y afinidad.
b) Cláusula de conciencia.
c) Secreto profesional.
d) Las respuestas a) y b) son correctas.

43. Una vez declarado el estado de excepción no se puede suspender el derecho/ libertad de:

a) Huelga.
b) Enseñanza.
c) Adopción de medidas de conflicto colectivo.
d) Libertad de circulación.

44. Durante el estado de excepción, un detenido conserva el derecho de/a:

a) Setenta y dos horas para ser puesto a disposición judicial.
b) Secreto de comunicaciones.
c) Asistencia de Letrado.
d) Ninguno de ellos.

45. Se puede suspender, con motivo de investigaciones relativas a bandas armadas, el derecho de:

a) Huelga.
b) Inviolabilidad del domicilio.
c) Libertad de circulación.
d) Las respuestas b) y c) son correctas.

46. Indica qué corresponde a la Comunidad Autónoma de Galicia:

a) La creación y estructuración de su propia Administración Pública, dentro de los principios generales y normas básicas del Estado.
b) La creación y estructuración de su propia Administración Pública, dentro de los principios fundamentales y normas básicas del Estado.
c) La creación y estructuración de su propia Administración Pública, dentro de los principios generales y normas esenciales del Estado.
d) La creación y estructuración de su propia Administración Pública, dentro de los principios y normas básicas del Estado.

47. En el marco de las normas básicas del Estado, corresponde a la Comunidad Autónoma:

a) El desarrollo legislativo y la ejecución del régimen de Radiodifusión y Televisión en los términos y casos establecidos en la Ley que regule el Estatuto Jurídico de la Radio y la Televisión.
b) El desarrollo legislativo y la ejecución del régimen de prensa y, en general, de todos los medios de comunicación social.
c) Son correctas a) y b).
d) No es correcta ninguna.

48. La Comunidad Autónoma de Galicia goza de autonomía plena. Indica qué precepto constitucional fundamenta este proceso:

a) El artículo 143.
b) El artículo 151.
c) El artículo 148.
d) El artículo 150.

49. Indica qué ley orgánica aprobó el Estatuto de Autonomía de Galicia para que Galicia se constituyese en Comunidad Autónoma:

a) Ley Orgánica 1/1981, de 6 de abril.
b) Ley Orgánica 1/1982, de 6 de abril.
c) Ley Orgánica 1/1981, de 7 de abril.
d) Ley Orgánica 2/1981, de 6 de abril.

50. Los poderes de la Comunidad Autónoma de Galicia emanan de la Constitución, de su Estatuto de Autonomía y del:

a) Pueblo.
b) Gobierno.
c) Estado.
d) Municipio.

51. El Estatuto de Autonomía de Galicia se estructura en:

a) Un Título Preliminar, 5 títulos más.
b) Un Título Preliminar, 4 títulos más.
c) Un Título Preliminar, 6 títulos más.
d) Cinco títulos.

52. El Título II del Estatuto de Autonomía de Galicia se refiere:

a) Al poder gallego.
b) A la Administración Pública gallega.
c) A las competencias de Galicia.
d) A la economía y la hacienda.

53. El Estatuto de Autonomía de Galicia se compone de:

a) 47 artículos.
b) 67 artículos.
c) 57 artículos.
d) 75 artículos.

54. Analizando las competencias de la Comunidad Autónoma gallega, la organización de las instituciones de autogobierno:

a) Es competencia exclusiva.
b) Es competencia concurrente.
c) Es competencia compartida.
d) Todas son falsas.

55. La competencia sobre el Régimen Jurídico de la Administración Pública de Galicia y régimen estatutario de sus funcionarios:

a) Es competencia exclusiva.
b) Es competencia concurrente.
c) Es competencia compartida.
d) Todas son falsas.

Solución al test n.º 1

1. b) En la indisoluble unidad de la Nación española.

2. c) Tienen el deber de conocer y el derecho de usar el castellano.

3. d) De las nacionalidades y regiones que la integran.

4. d) Las respuestas b) y c) son correctas.

5. a) Aprobada por las Cortes el 31 de octubre de 1978, ratificada por el pueblo en referéndum el 6 de diciembre de 1978 y publicada el 29 de diciembre de 1978.

6. b) En el Preámbulo.

7. a) El Rey.

8. d) Ningún español de origen podrá ser privado de su nacionalidad.

9. d) La dignidad de la persona, los derechos inviolables que le son inherentes, el libre desarrollo de su personalidad, el respeto a la ley y a los derechos de los demás.

10. b) El pluralismo político.

11. c) Monarquía parlamentaria.

12. b) Parte orgánica.

13. c) Reside en el pueblo español.

14. c) Limitado por la función social de la misma.

15. b) En el Título Preliminar.

16. a) Consensuada.

17. d) Todas las respuestas son correctas.

18. b) Los delitos políticos.

19. c) Su funcionamiento y estructura interna.

20. b) De cinco.

21. b) Igualdad y progresividad.

22. c) 1977.

23. b) 6 de diciembre de 1978.

24. c) Congreso de los Diputados.

25. c) No pasa nada, salvo que, como consecuencia de esa actuación, se infrinja un artículo de la propia Constitución.

26. c) Seguridad jurídica.

27. c) Las respuestas a) y b) son correctas.

28. b) Puede aplicarse retroactivamente.

29. b) Derecho de usar y deber de conocerlo.

30. b) La villa de Madrid.

31. b) En los actos oficiales.

32. d) Todos ellos.

33. b) Fuerzas Armadas.

34. c) 15.

35. a) Ha quedado abolida.

36. a) Detención ilegal.

37. b) No dilatarse.

38. c) Puede efectuarse en todo momento.

39. b) Se necesitará autorización judicial para entrar, si no da su consentimiento para ello.

40. c) Sería inconstitucional.

41. b) Universal.

42. c) Secreto profesional.

43. b) Enseñanza.

44. c) Asistencia de Letrado.

45. b) Inviolabilidad del domicilio.

46. a) La creación y estructuración de su propia Administración Pública, dentro de los principios generales y normas básicas del Estado.

47. c) Son correctas a) y b).

48. b) El artículo 151.

49. a) Ley Orgánica 1/1981, de 6 de abril.

50. a) Pueblo.

51. a) Un Título Preliminar, 5 títulos más.

52. c) A las competencias de Galicia.

53. c) 57 artículos.

54. a) Es competencia exclusiva.

55. c) Es competencia compartida.

TEST N.º 2

Principios de la actuación administrativa. La Administración Local. Principios constitucionales y entidades que la integran. El municipio. Organización y competencias municipales. Municipios de gran población. Funcionamiento de los órganos colegiados locales. Régimen de sesiones

1. La Administración Local está integrada por:

a) Por órganos.
b) Por Entes, no por órganos.
c) Por sujetos de Derecho con personalidad jurídica propia.
d) Son correctas las respuestas b) y c).

2. Uno de los hitos normativos más importantes en la evolución del Régimen Local es:

a) La Constitución Española de 1931.
b) El Decreto de Javier de Burgos, de 30 de noviembre de 1833.
c) La Declaración Universal de los Derechos Humanos.
d) El Estatuto de Bayona de 1808.

3. Se definen como entidades locales integradas por los municipios de grandes aglomeraciones urbanas entre cuyos núcleos de población existan vinculaciones económicas y sociales que hagan necesaria la planificación conjunta y la coordinación de determinados servicios y obras:

a) Las Áreas Metropolitanas.
b) Las Comarcas.
c) Las Mancomunidades.
d) Las entidades de ámbito territorial inferior al Municipio.

4. Son entidades locales territoriales:

a) El municipio y las mancomunidades.
b) Las provincias y las comarcas.

c) El municipio, las provincias y las áreas metropolitanas.

d) La Isla en los archipiélagos balear y canario y los municipios.

5. La no presentación de cuentas por las entidades de ámbito territorial inferior al Municipio ante los organismos correspondientes del Estado y de la Comunidad Autónoma:

a) Conllevará que el personal que estuviera al servicio de la entidad quedará incorporado en la Administración del Estado.

b) Conllevará que el personal que estuviera al servicio de la entidad quedará incorporado en la Administración de la Comunidad Autónoma.

c) Será motivo para la sustitución de sus órganos de gobierno.

d) Será causa de disolución.

6. El artículo 137 de la Constitución Española dispone:

a) El Estado se organiza territorialmente en Municipios, en Provincias y en las Comunidades Autónomas que se constituyan.

b) El Estado se organiza territorialmente en Municipios, en Provincias e Islas.

c) El Estado se organiza territorialmente en Municipios, en Provincias y en Comarcas.

d) El Estado se organiza territorialmente en Municipios, en Provincias y en Concejos.

7. De acuerdo con el artículo 141 de la Constitución Española:

a) El gobierno y la administración autónoma de las provincias estarán encomendados a las Diputaciones u otras Corporaciones de carácter representativo.

b) El gobierno y la administración autónoma de las provincias estarán encomendados al Pleno de la Diputación Provincial.

c) El gobierno y la administración autónoma de las provincias estarán encomendados a la Junta de Gobierno de la Diputación Provincial.

d) El gobierno y la administración autónoma de las Provincias estarán encomendados a las Corporaciones de carácter representativo.

8. Uno de los principios fundamentales en relación con el Régimen Local que recoge la Constitución Española es:

a) La autonomía de las Corporaciones Locales en la gestión de sus intereses.

b) El carácter democrático y representativo de sus órganos de gobierno.

c) La suficiencia de las Haciendas Locales.

d) Todas las respuestas anteriores son correctas.

9. ¿Es posible crear agrupaciones de Municipios diferentes de la Provincia?

a) No.

b) En algunos casos.

c) Solo si lo decide el Presidente del Gobierno.

d) Sí.

10. De conformidad con el artículo 140 de la Constitución Española, los concejales serán elegidos por sufragio:

a) Universal por parte de los ciudadanos del municipio.

b) Universal, igual, libre, e indirecto.

c) Universal, igual, libre, directo y secreto.

d) Universal, igual, libre, directo y secreto, en la forma establecida en la ley.

11. Según el artículo 103.1 de la Constitución Española, la Administración Pública sirve con objetividad los intereses generales y actúa de acuerdo con los principios de:

a) Eficacia, jerarquía, descentralización, desconcentración y suficiencia financiera.

b) Descentralización, desconcentración, altruismo y eficacia.

c) Eficacia, jerarquía, descentralización, desconcentración y coordinación.

d) Eficacia, jerarquía, descentralización, desconcentración y gratuidad.

12. El Texto Refundido de la Ley Reguladora de las Haciendas Locales fue aprobado por:

a) Real Decreto Legislativo 2/2014, de 5 de marzo.

b) Real Decreto Legislativo 2/1994, de 5 de marzo.

c) Real Decreto Legislativo 2/2004, de 5 de marzo.

d) Real Decreto Legislativo 2/2004, de 5 de abril.

13. ¿Cuál es la Entidad básica de la organización territorial del Estado y cauce inmediato de participación ciudadana en los asuntos públicos, que institucionaliza y gestiona con autonomía los intereses propios de la respectiva colectividad?

a) La Isla.

b) La Provincia.

c) El Municipio.

d) La Comarca.

14. La Creación de las Áreas Metropolitanas se efectuará por ley de:

a) Las Cortes Generales.

b) El Senado.

c) La Asamblea Legislativa de la Comunidad Autónoma.

d) No será necesaria ley, sino Acuerdo aprobado por la mayoría absoluta de los concejales que conforman cada Municipio.

15. ¿Cuáles son las Entidades Locales integradas por los Municipios de grandes aglomeraciones urbanas entre cuyos núcleos de población existen vinculaciones económicas y sociales que hacen necesaria la planificación conjunta y la coordinación de determinados servicios y obras?

a) Las Áreas Metropolitanas.
b) Las Comarcas.
c) Las Mancomunidades de Municipios.
d) Las Provincias.

16. La Provincia es una Entidad Local con personalidad jurídica propia, determinada por la agrupación de Municipios y división territorial para el cumplimiento de las actividades del Estado. Cualquier alteración de los límites provinciales habrá de ser aprobada:

a) Por las Cortes Generales mediante ley orgánica.
b) Por las Cortes Generales mediante ley ordinaria.
c) Por ley de la Asamblea Legislativa de la Comunidad Autónoma respectiva.
d) Por acuerdo unánime de la Diputación Provincial.

17. La Administración Local está integrada por:

a) Órganos.
b) Organismos.
c) Entes.
d) Entidades Institucionales.

18. ¿En qué año se aprobó el vigente Reglamento de Organización, Funcionamiento y Régimen Jurídico de las Entidades Locales?

a) 1991.
b) 1982.
c) 1998.
d) 1986.

19. Señala cuál de los siguientes hitos no forma parte de la evolución de nuestro régimen local:

a) La Constitución de Cádiz de 1812.
b) Los Estatutos Municipal y Provincial de Calvo Sotelo, de 1924 y 1925.
c) Ley Municipal y Provincial de 1870.
d) El Decreto de Javier de León, de 30 de noviembre de 1833.

20. En materia de contratación, es aplicable al Régimen Local:

a) Real Decreto Legislativo 3/2011, de 14 de noviembre, por el que se aprueba el texto refundido de la Ley de Contratos del Sector Público.
b) La Ley 8/2018, de 4 de abril, de Contratos del Sector Público.

c) La Ley 9/2017, de 8 de noviembre, de Contratos del Sector Público.

d) Real Decreto Legislativo 5/2009, de 25 de marzo, por el que se aprueba el texto refundido de la Ley de Contratos del Sector Público.

21. Entre las potestades y prerrogativas que tienen los municipios se encuentran:

a) La tributaria y financiera.
b) De revisión de oficio de sus actos y acuerdos.
c) Expropiatoria.
d) Todas las respuestas son correctas.

22. Los elementos del Municipio son:

a) El territorio, la población y la financiación.
b) El territorio, las instituciones y la organización.
c) La organización, la autonomía y el territorio.
d) La población, la organización y el territorio.

23. Según el Reglamento de Población y Demarcación Territorial de las Entidades Locales el término municipal es:

a) El territorio en que el Ayuntamiento ejerce su jurisdicción.
b) El territorio en que el Ayuntamiento ejerce sus competencias.
c) El territorio en que el Ayuntamiento ejerce su política.
d) Las respuestas b) y c) son correctas.

24. De acuerdo con lo dispuesto en la Ley de Bases de Régimen Local:

a) La creación de nuevos municipios solo podrá realizarse sobre la base de núcleos de población territorialmente diferenciados, de al menos 25.000 habitantes.
b) La creación de nuevos municipios solo podrá realizarse sobre la base de núcleos de población territorialmente diferenciados, de al menos 4.000 habitantes.
c) La creación de nuevos municipios solo podrá realizarse sobre la base de núcleos de población territorialmente diferenciados, de al menos 3.000 habitantes.
d) La creación de nuevos municipios solo podrá realizarse sobre la base de núcleos de población territorialmente diferenciados, de al menos 250.000 habitantes.

25. ¿La alteración de términos municipales podrá suponer la modificación de los límites provinciales?

a) Solo en casos excepcionales.
b) En ningún caso.
c) Cuando concurran los requisitos establecidos en la ley.
d) Sí.

26. En los casos de fusión de municipios:

a) El nuevo municipio se subrogará en todos los derechos y obligaciones de los anteriores municipios.

b) El nuevo municipio resultante de la fusión no podrá segregarse hasta transcurridos cien años.

c) El órgano del gobierno del nuevo municipio resultante estará constituido transitoriamente por la suma de los concejales de los municipios fusionados.

d) Las respuestas a) y c) son correctas.

27. Son derechos y deberes de los vecinos:

a) Contribuir mediante la aportación de sus bienes inmuebles a la realización de las competencias municipales.

b) Exigir la prestación y, en su caso, el establecimiento del correspondiente servicio público, en el supuesto de constituir una competencia municipal propia aunque no sea de carácter obligatorio.

c) Acceder a los aprovechamientos comunales.

d) Ejercer la iniciativa individual en los términos previstos en el art. 70 bis de la Ley de Bases de Régimen Local.

28. La inscripción de los extranjeros en el Padrón municipal:

a) Constituirá prueba de su residencia legal en España.

b) Iniciará el expediente de adquisición de la nacionalidad española.

c) No les atribuirá ningún derecho que no les confiera la legislación vigente.

d) Permitirá obtener un permiso de trabajo.

29. El padrón municipal es:

a) La base de datos donde constan los nombres de los vecinos.

b) El registro administrativo donde solo constan los domicilios de los vecinos.

c) El registro administrativo donde constan los vecinos de un municipio.

d) El registro administrativo donde solo constan los domicilios de los extranjeros del municipio.

30. La inscripción en el Padrón municipal contendrá como obligatorios los siguientes datos:

a) Las matrículas de los vehículos de los vecinos.

b) El número de identificación de los aparatos tecnológicos existentes en cada casa.

c) Los ascendientes que habitan en cada casa.

d) Ninguna de las respuestas es correcta.

31. Quien viva en varios Municipios:

a) Deberá inscribirse únicamente en el Padrón municipal del municipio en el que habite durante más tiempo al año.
b) Deberá inscribirse únicamente en el Padrón municipal del municipio en el que tenga su lugar de trabajo.
c) Deberá inscribirse únicamente en el Padrón municipal del municipio en el que haya nacido.
d) Deberá inscribirse en el Padrón municipal de todos los municipios.

32. ¿Existe Padrón de españoles residentes en el extranjero?

a) Sí.
b) No.
c) Sí, y su formación se realizará por la Administración General del Estado.
d) Solo para aquellos que se encuentren en la Unión Europea.

33. Funcionan en régimen de Concejo Abierto:

a) Los municipios de menos de 200 habitantes.
b) Los municipios de menos de 300 habitantes.
c) Los municipios de menos de 500 habitantes.
d) Los municipios que tradicional y voluntariamente cuenten con ese singular régimen de gobierno y administración.

34. La organización municipal responde a las siguientes reglas:

a) El Alcalde, los Tenientes de Alcalde y el Pleno existen en todos los Ayuntamientos.
b) El Alcalde, la Junta de Gobierno y el Pleno existen en todos los Ayuntamientos.
c) El Alcalde y el Pleno existen en todos los Ayuntamientos.
d) El Alcalde y la Junta de Gobierno existen en todos los Ayuntamientos.

35. La Comisión Especial de Cuentas:

a) Existe en todos los municipios.
b) Existe en los municipios en que así se acuerde.
c) Existe en los municipios de más de 1000 habitantes.
d) Ninguna de las respuestas es correcta.

36. De acuerdo con la Ley Orgánica de Régimen Electoral será proclamado alcalde electo:

a) El Concejal que haya obtenido la mayoría simple de los votos de los concejales.
b) El Concejal que encabece la lista que haya obtenido mayor número de votos populares.

c) El Concejal que haya obtenido la mayoría absoluta de los votos de los concejales.
d) El Concejal que haya ganado el sorteo.

37. Los alcaldes tendrán tratamiento de:

a) Ilustrísima en los municipios de Madrid y Barcelona.
b) Excelencia en los municipios que sean capitales de provincia.
c) Señoría en los municipios que no sean capitales de provincia ni las ciudades de Madrid y Barcelona.
d) Ilustrísima en todos los municipios.

38. La cuestión de confianza a la que podrá ser sometido el Alcalde se puede vincular a:

a) La aprobación o modificación de los Presupuestos anuales.
b) La aprobación o modificación del Reglamento Orgánico.
c) La aprobación o modificación de las Ordenanzas Fiscales.
d) Todas las respuestas son verdaderas.

39. No es una atribución del Alcalde:

a) Aprobar la oferta de empleo público.
b) La aprobación del reglamento orgánico y de las ordenanzas.
c) Dictar Bandos.
d) Ejercer la jefatura de la Policía Municipal.

40. Es una atribución del Pleno del Ayuntamiento:

a) La alteración de la calificación jurídica de los bienes de dominio público.
b) La aprobación inicial de las leyes.
c) Desempeñar la jefatura superior de todo el personal.
d) Ordenar la publicación, ejecución y hacer cumplir los acuerdos del Ayuntamiento.

41. La Junta de Gobierno Local se integra por el Alcalde y un número de Concejales:

a) No superior al tercio del número legal de los mismos.
b) No superior a la mitad del número legal de los mismos.
c) No superior a dos tercios del número legal de los mismos.
d) Ninguna de las respuestas es correcta.

42. El régimen peculiar para los Municipios de gran población será aplicable:

a) A los municipios que sean capitales autonómicas.
b) A los municipios cuya población supere los 50.000 habitantes.
c) A los municipios cuya población supere los 150.000 habitantes.
d) Las respuestas a) y b) son correctas.

43. En los municipios de gran población corresponde a la Junta de Gobierno:

a) La aprobación y modificación de las ordenanzas y reglamentos municipales.
b) La aprobación del proyecto de presupuesto.
c) Los acuerdos relativos a la participación en organizaciones supramunicipales.
d) Dictar bandos, decretos e instrucciones.

44. En los municipios de gran población tendrán la consideración de órganos directivos:

a) El Alcalde.
b) El titular de la asesoría jurídica.
c) Los miembros de la Junta de Gobierno Local.
d) Las respuestas a) y c) son correctas.

45. En los municipios de gran población para la defensa de los derechos de los vecinos ante la Administración municipal el Pleno creará:

a) Un órgano de gestión económico-financiera.
b) Una Comisión especial de Sugerencias y Reclamaciones.
c) Un órgano para la resolución de las reclamaciones económico-administrativas.
d) Un órgano de gestión tributaria.

46. En los municipios de gran población el dictamen sobre los proyectos de ordenanzas fiscales corresponderá a:

a) Un órgano de gestión económico-financiera.
b) Una Comisión especial de Sugerencias y Reclamaciones.
c) Un órgano para la resolución de las reclamaciones económico-administrativas.
d) Un órgano de gestión tributaria.

47. El Municipio no ejercerá como competencia propia:

a) Tráfico, estacionamiento de vehículos y movilidad.
b) Abastecimiento de agua potable a domicilio.
c) Administración de Justicia.
d) Cementerios y actividades funerarias.

48. El servicio de transporte colectivo urbano de viajeros deberá prestarse en todo caso:

a) En los Municipios con población superior a 5.000 habitantes.
b) En todos los Municipios.
c) En los Municipios con población superior a 50.000 habitantes.
d) En los Municipios con población superior a 20.000 habitantes.

49. El servicio de prevención y extinción de incendios deberá prestarse en todo caso:

a) En los Municipios con población superior a 50.000 habitantes.
b) En los Municipios con población superior a 5.000 habitantes.
c) En los Municipios con población superior a 20.000 habitantes.
d) En todos los Municipios.

50. El servicio de recogida de residuos deberá prestarse en todo caso:

a) En los Municipios con población superior a 20.000 habitantes.
b) En los Municipios con población superior a 5.000 habitantes.
c) En todos los Municipios.
d) En los Municipios con población superior a 50.000 habitantes.

51. La personalidad jurídica de los Municipios, según la Constitución Española, es:

a) Propia.
b) Plena.
c) Reconocida por el Ente que los crea.
d) Dependiente de su autonomía.

52. Según nuestra Constitución, los Concejales no son elegidos por sufragio:

a) Universal.
b) Igual.
c) Paritario.
d) Libre.

53. La pertenencia de un Municipio a dos Provincias:

a) Se admite excepcionalmente.
b) Ha de estar prevista en norma con rango de ley.
c) Está prohibida en nuestro ordenamiento jurídico.
d) Las respuestas a) y b) son ciertas.

54. La división del término municipal en distritos, barrios, etc., es competencia del/de la:

a) Instituto Geográfico Nacional.
b) Diputación Provincial.
c) Ayuntamiento respectivo.
d) Comunidad Autónoma.

55. Para ser vecino de un Municipio:

a) Hay que estar empadronado como tal en él.
b) Basta con la residencia habitual en el mismo.

c) No es necesario ser mayor de edad.
d) Debe saberse leer y escribir.

56. No es posible la consulta popular en la siguiente materia:

a) Sobre competencias municipales.
b) Hacienda Local.
c) Servicios municipales.
d) Es factible en todas ellas.

57. En el ámbito local el único órgano que puede someter a consulta popular un asunto es el:

a) Presidente de la Diputación Provincial.
b) Alcalde.
c) Gobierno de la Nación.
d) Pleno de cada Entidad Local.

58. En el Padrón no debe constar respecto de un vecino su:

a) Sexo.
b) Domicilio habitual.
c) Lugar de nacimiento.
d) Debe figurar todo lo anterior.

59. El Consejo de Empadronamiento está adscrito al/a la:

a) Presidencia del Gobierno de la Nación.
b) Ministerio del Interior.
c) Ministerio de Economía, Comercio y Empresa.
d) Ministerio de la Presidencia, Justicia y Relaciones con las Cortes.

60. La confección del Padrón de españoles residentes en el extranjero es competencia del/de la:

a) Ayuntamiento de su último domicilio en España.
b) Comunidad Autónoma donde hubieren nacido.
c) Administración General del Estado.
d) Embajada o Consulado español en el país en que residan.

61. Las directrices e instrucciones técnicas para la formación, mantenimiento y rectificación del Padrón corresponde emanarlas al/a la:

a) Propio Ayuntamiento Pleno.
b) Administración General del Estado.
c) Comunidad Autónoma.
d) Alcalde.

62. La organización municipal complementaria que establezca una Comunidad Autónoma con carácter general, respecto a los Municipios de la misma:

a) Se aplica preferentemente a la establecida con tal carácter por el Estado.
b) Se aplica preferentemente a la establecida por el Reglamento Orgánico de cada Municipio.
c) Se aplica después de la del Estado y la del Reglamento Orgánico.
d) Las respuestas a) y b) son ciertas.

63. La elección de un Alcalde, tras unas elecciones locales, se efectúa:

a) Directamente en las elecciones locales.
b) En sesión extraordinaria al efecto.
c) En la sesión constitutiva de la Corporación.
d) Por los vecinos exclusivamente.

64. La destitución del Presidente de una Corporación Local se efectúa a través de la:

a) Renuncia.
b) Cuestión de confianza.
c) Moción de censura.
d) Las respuestas b) y c) son ciertas.

65. ¿Se puede presentar más de una moción de censura contra el mismo Presidente de una Entidad Local?

a) Sí, cuando prospere una de ellas.
b) Solo en distintos períodos de sesiones.
c) Depende del Reglamento Orgánico de la Entidad.
d) Nada de lo expuesto es cierto.

66. En una moción de censura contra un Presidente de una Entidad Local, puede ser candidato:

a) Los cabezas de lista.
b) Los portavoces de los Grupos Políticos.
c) Cualquier miembro de la Corporación.
d) Ninguno de los anteriores.

67. Si un Alcalde pierde una cuestión de confianza:

a) Quedan cesados todos sus miembros.
b) Se procede al nombramiento de otro según las normas aplicadas en el nombramiento del dimitido.
c) Se nombra como tal al primer Teniente de Alcalde.
d) Se hace una nueva sesión constitutiva, tras la celebración de elecciones.

68. La convocatoria de consultas populares debe autorizarla el/la:

a) Gobierno de la Nación.
b) Presidente de la Corporación.
c) Comunidad Autónoma.
d) Ninguno de ellos.

69. La denominada competencia residual, en virtud de la cual se le atribuyen aquellas competencias que no estén expresamente asignadas a otro órgano, la tiene en un Ayuntamiento el/la/las:

a) Pleno.
b) Comisiones Informativas.
c) Presidente.
d) Junta de Gobierno Local.

70. Las cuestiones que se susciten entre Municipios sobre deslinde de sus términos municipales serán resueltas por:

a) La correspondiente Comunidad Autónoma.
b) El Gobierno de España.
c) Las Diputaciones Provinciales.
d) El Consejo de Estado.

71. El voto de calidad del Presidente de una Corporación Local:

a) Inclina la votación al sector en el que él haya votado, en caso de empate producido en la reunión de un órgano colegiado.
b) Da fe del resultado de la votación.
c) Significa que es muy importante quien emite el voto.
d) Provoca la irrecurribilidad del acuerdo adoptado.

72. La aprobación del proyecto de presupuesto en un Municipio de gran población es competencia del/de la:

a) Presidente.
b) Junta de Gobierno Local.
c) Pleno.
d) Comunidad Autónoma.

73. La delegación de competencias de un Alcalde:

a) Se efectúa por acuerdo de Pleno.
b) Se reviste formalmente en forma de Decreto de dicho Pleno.
c) Se puede dar en todo tipo de materias.
d) Nada de lo anterior es correcto.

74. Los nombramientos de funcionarios en los Ayuntamientos de Municipios de régimen común corresponden al/a la:

a) Pleno.
b) Junta de Gobierno Local.
c) Presidente.
d) Delegado de Personal.

75. La aprobación de las formas de gestión de los servicios públicos en los Ayuntamientos de Municipios de régimen común corresponde genuinamente al/a la:

a) Pleno.
b) Presidente.
c) Junta de Gobierno Local.
d) Comunidad Autónoma respectiva.

76. No es servicio mínimo de un Ayuntamiento de menos de 5.000 habitantes el de:

a) Acceso a los núcleos de población.
b) Alumbrado público.
c) Transporte colectivo urbano de viajeros.
d) Recogida de residuos.

77. Es un servicio mínimo de un Ayuntamiento de menos de 5.000 habitantes el de:

a) Servicios funerarios.
b) Medio ambiente urbano.
c) Extinción de incendios.
d) Limpieza viaria.

78. El transporte colectivo urbano de viajeros debe prestarse obligatoriamente en los Municipios de más de:

a) 5.000 habitantes.
b) 10.000 habitantes.
c) 20.000 habitantes.
d) 50.000 habitantes.

79. La evaluación e información de situaciones de necesidad social y la atención inmediata a personas en situación o riesgo de exclusión social, debe prestarse en los Municipios que tengan una población, como mínimo, superior a:

a) 50.000 habitantes.
b) 5.000 habitantes.
c) 20.000 habitantes.
d) 100.000 habitantes.

80. Si se plantea un conflicto de competencias entre dos Ayuntamientos de distintas Provincias de una misma Comunidad Autónoma, se resuelve por el/la/las:

a) Pleno de cada uno de ellos.
b) Ministerio de la Presidencia, Justicia y Relaciones con las Cortes.
c) Respectivas Diputaciones Provinciales.
d) Comunidad Autónoma.

81. Atendiendo a su finalidad fundamental, puede definirse la sesión como:

a) Un acto más del procedimiento.
b) Una reunión de los miembros de la Corporación.
c) Un procedimiento que tiene por objeto la formación y declaración de voluntad del órgano colegiado.
d) Una conferencia expositiva.

82. Las sesiones pueden ser:

a) Ordinarias y extraordinarias.
b) Ordinarias y permanentes.
c) Permanentes y especiales.
d) Ordinarias, extraordinarias y extraordinarias urgentes.

83. La periodicidad de las sesiones extraordinarias es:

a) Como mínimo cada mes en los Ayuntamientos de municipios de más de 20.000 habitantes.
b) Cada dos meses en los Ayuntamientos de los municipios de una población entre 5.001 habitantes y 20.000 habitantes.
c) Las sesiones extraordinarias no están sujetas a periodicidad.
d) Cada tres meses en los municipios de hasta 5.000 habitantes.

84. Si el Presidente no convocase el Pleno extraordinario solicitado por la cuarta parte, al menos, del número legal de miembros de la Corporación dentro del plazo de quince días hábiles desde que fuera solicitado:

a) Quedará automáticamente convocado para el décimo día hábil siguiente al de la finalización de dicho plazo, a las once horas.
b) Quedará automáticamente convocado para el undécimo día hábil siguiente al de la finalización de dicho plazo, a las doce horas.
c) Quedará automáticamente convocado para el décimo día hábil siguiente al de la finalización de dicho plazo, a las doce horas.
d) Ninguna respuesta es correcta.

85. La convocatoria de las sesiones dará lugar a la apertura del correspondiente expediente, en el que no deberá constar:

a) La constancia de las tasas que procedan.
b) La relación de expedientes conclusos.

c) La fijación del Orden del Día.

d) Minuta del Acta.

86. En el Orden del Día de las sesiones ordinarias se incluirá el punto de ruegos y preguntas:

a) De todos los asistentes.

b) Siempre.

c) De las asociaciones de vecinos.

d) En determinados casos.

87. ¿Es posible habilitarse otro edificio o local para la celebración de las sesiones?

a) En los casos de fuerza mayor.

b) En ningún caso.

c) Se celebrarán en la Casa Consistorial y si no es posible se suspenderá la sesión.

d) En todo caso, se celebrarán en Palacio Provincial o sede de la Corporación de que se trate.

88. Quien se considere aludido por una intervención podrá solicitar del Alcalde o Presidente:

a) La concesión de un turno por alusiones por tiempo de tres minutos.

b) Retirarse de la sesión.

c) Que se conceda un turno por alusiones, que será breve y conciso.

d) La concesión de un turno por alusiones por tiempo de cinco minutos.

89. ¿En qué consiste la moción?

a) Es la propuesta sometida a Pleno tras el estudio del expediente por la Comisión Informativa.

b) Es la propuesta que se somete a Pleno relativa a un asunto incluido en el Orden del Día sin haber pasado por la Comisión Informativa.

c) Es la propuesta que se somete directamente a conocimiento del Pleno, sobre un asunto no comprendido en el Orden del Día y que no tiene cabida en el punto de ruegos y preguntas.

d) Es la propuesta de modificación de un dictamen formulada por un miembro de la Comisión Informativa.

90. La votación podrá ser:

a) Por nombre y apellidos o por partido político.

b) Nominal, secreta y en voz alta.

c) Secreta y no secreta.

d) Nominal, secreta y ordinaria.

91. La votación secreta:

a) Podrá utilizarse para la aprobación de las Ordenanzas.
b) Solo podrá utilizarse para elección o destitución de personas.
c) Solo podrá utilizarse para la aprobación del Presupuesto.
d) Solo podrá utilizarse para el despido del personal laboral.

92. En los municipios de gran población no se exigirá el voto favorable de la mayoría absoluta del número legal de miembros del Pleno para:

a) La concertación de las operaciones de crédito.
b) Los acuerdos relativos a la participación en organizaciones supramunicipales.
c) La aprobación y modificación de los reglamentos de naturaleza orgánica.
d) Los acuerdos relativos a la delimitación y alteración del término municipal.

93. En los municipios de régimen común se exigirá el voto favorable de la mayoría absoluta del número legal de miembros del Pleno para:

a) La determinación de los recursos propios de carácter tributario.
b) La alteración del nombre y de la capitalidad del municipio.
c) Las dos anteriores son correctas.
d) la aprobación y modificación de los presupuestos.

94. La enajenación de bienes, cuando su cuantía exceda del 20 % de los recursos ordinarios de su presupuesto requerirá:

a) Mayoría simple.
b) Mayoría de dos tercios.
c) Mayoría absoluta.
d) Mayoría de un tercio.

95. Cuando las resoluciones administrativas se dicten por delegación:

a) Se deberá dictar una resolución posterior por la Autoridad delegante.
b) Se acompañará de copia del acuerdo de delegación.
c) Podrá ser revocada en cualquier momento.
d) Se hará constar expresamente esta circunstancia y se considerarán dictadas por la Autoridad que la haya conferido.

96. Los acuerdos emanados de los Presidentes de las Entidades Locales, denominados Resoluciones, adoptan la forma de:

a) Dictámenes del Presidente.
b) Reales Decreto de la Presidencia.
c) Acuerdos de la Presidencia.
d) Decreto de la Presidencia.

97. Como regla general, los actos de las Entidades Locales son:

a) Inmediatamente ejecutivos.
b) Ejecutivos cuando así lo disponga la norma.
c) Nunca son ejecutivos.
d) Ejecutivos a los veinte días de su firmeza.

98. El Alcalde y el Presidente de la Diputación darán cuenta sucinta a la Corporación, de las resoluciones que hubieren adoptado desde la última sesión plenaria ordinaria:

a) En cada sesión ordinaria del Pleno.
b) En cada sesión de la Junta de Gobierno.
c) En cada sesión convocada al efecto.
d) En cualquier sesión del Pleno.

99. El responsable de que se remita a los representantes de la Administración General del Estado y de la Comunidad Autónoma un extracto de los actos y acuerdos de una Corporación es, de forma mediata, el:

a) Presidente.
b) El Interventor.
c) Notificador.
d) Jefe de cada Dependencia.

100. El funcionamiento de las Juntas de Distrito se rige por las normas que acuerde:

a) La Junta de Gobierno Local.
b) El Alcalde.
c) El Pleno.
d) El Presidente de la Junta de Distrito.

101. La determinación de la periodicidad de las sesiones plenarias ordinarias se acuerda por el:

a) Propio Pleno en la sesión constitutiva.
b) Alcalde o Presidente.
c) Pleno, con un mínimo de una al mes.
d) Pleno en sesión extraordinaria.

102. Puede pedir la celebración de sesión extraordinaria y debe, por ello, convocarse:

a) Un tercio del número de hecho de miembros de la Corporación.
b) Un tercio del número legal de miembros de la misma.
c) Una cuarta parte de este último número.
d) La décima parte de los mismos.

103. La celebración de una sesión extraordinaria solicitada legalmente, en principio, no debe demorarse, desde que se solicitó, por más de:

a) Cuatro días hábiles.
b) Dos meses.
c) Quince días hábiles.
d) Cuando lo estime oportuno el Alcalde, sin límite de tiempo.

104. Las sesiones extraordinarias se convocarán como mínimo:

a) Dos días naturales antes.
b) Veinticuatro horas antes.
c) Dos días hábiles antes.
d) No se requiere plazo alguno.

105. Las sesiones extraordinarias urgentes deben convocarse con una antelación mínima de:

a) Cuatro días.
b) Dos días naturales.
c) Dos días hábiles.
d) Nada de lo anterior es cierto.

106. Debe motivarse la convocatoria de:

a) Todas las sesiones.
b) Las ordinarias.
c) Las extraordinarias.
d) Ninguna de ellas.

107. Las sesiones que deben comenzar con un pronunciamiento sobre su urgencia son:

a) Todas.
b) Las extraordinarias.
c) Las ordinarias.
d) Las extraordinarias urgentes.

108. El orden del día de las sesiones:

a) Se adjunta a la convocatoria.
b) Se incluye en esta.
c) Se entrega antes de comenzar la sesión, una vez constituida.
d) Ninguna de las respuestas anteriores es correcta.

109. Pueden solicitar que un asunto se estudie en una sesión de Pleno sin haber sido dictaminado por la Comisión Informativa respectiva:

a) Solo el Alcalde.
b) Las Comisiones Informativas.
c) Los Portavoces de los Grupos Políticos.
d) Cualquier Concejal.

110. Se requiere ratificación de la inclusión de un asunto en el Orden del Día:

a) En caso de que se lleve por urgencias.
b) Si no se ha dictaminado previamente por la Comisión pertinente.
c) En los dos casos anteriores.
d) En cualquier caso.

111. Los ruegos y preguntas se incluyen en las sesiones:

a) De todo tipo.
b) Ordinarias.
c) Extraordinarias.
d) Urgentes.

112. La declaración de urgencia de un asunto no incluido en el orden del día requiere:

a) Decreto del Presidente.
b) Que sea sesión extraordinaria.
c) Mayoría absoluta del número legal de miembros.
d) Informe del Secretario General.

113. Un acuerdo sobre un asunto urgente que no haya sido considerado tal es:

a) Irregular.
b) Válido.
c) Nulo.
d) Anulable.

114. Puede redactarse en catalán una convocatoria u orden del día:

a) En cualquier caso.
b) Cuando así lo acuerde la propia Corporación.
c) En cualquier sesión de una Corporación Local.
d) Cuando sea lengua oficial.

115. Para declarar secreto el debate de un asunto en un Pleno se requiere:

a) Decreto del Alcalde o Presidente.
b) Que así se fije en la convocatoria.

c) Que lo acuerde la mayoría de los miembros.

d) Que se acuerde por mayoría absoluta de estos.

116. Para celebrar una sesión fuera de la sede de la Corporación se requiere:

a) Resolución de la Presidencia.

b) Acuerdo del órgano de que se trate.

c) Caso fortuito.

d) Nada de lo anterior, pues puede hacerse en cualquier caso y momento.

117. Terminar una sesión el mismo día en que comienza es:

a) Obligatorio.

b) La regla general.

c) Lo anormal.

d) Preceptivo en las ordinarias.

118. Como regla general, el mínimo de quórum para constituir válidamente el Pleno es de:

a) Un tercio del número legal de miembros.

b) Asistencia del Presidente y el Secretario, exclusivamente.

c) Tres miembros.

d) Depende de la convocatoria en que se celebra.

119. Si no hay quórum en la constitución de una sesión del Pleno se:

a) Celebra media hora después.

b) Celebra con carácter deliberante.

c) Convoca a la misma hora dos días después.

d) Entiende automáticamente convocada, a la misma hora, dos días después.

120. Si una vez constituida la sesión, quedaran menos de tres miembros en la misma se:

a) Levanta la misma.

b) Adoptan acuerdos que no requieran mayoría cualificada.

c) Puede adoptar cualquier acuerdo.

d) Entiende convocada la sesión dos días después.

121. Deben comunicarse a la Alcaldía las ausencias del término municipal de un Concejal que excedan de:

a) Dos días.

b) Un día.

c) Ocho días.

d) No es necesario hacerlo.

122. El Alcalde de un Municipio con población de trescientos mil habitantes puede sancionar a los miembros que no asistan a las sesiones con:

a) Separación del cargo.
b) Reprobación oficial.
c) Multa.
d) Suspensión provisional.

123. Un miembro no puede hacer uso de la palabra en una sesión:

a) Extraordinaria del Pleno o de la Junta de Gobierno Local.
b) Salvo por su Portavoz.
c) Cuando se vote.
d) Puede hacerlo en cualquier momento.

124. Las interrupciones en las sesiones del Pleno:

a) Solo se dan para que pueda informar un particular sobre un asunto concreto.
b) Están prohibidas.
c) Las señala discrecionalmente el Presidente de la sesión.
d) Se realizan siempre antes de votar, para deliberar.

125. La propuesta de modificación de un dictamen formulada por un miembro de la Comisión Informativa se denomina:

a) Moción.
b) Enmienda.
c) Voto particular.
d) Proposición.

126. A cualquier cuestión planteada a los órganos de gobierno en el seno del Pleno se le llama:

a) Voto particular.
b) Pregunta.
c) Ruego.
d) Moción.

127. En las Asambleas Vecinales de una Entidad de ámbito territorial inferior al municipal, los acuerdos se adoptan por:

a) El Alcalde Pedáneo.
b) Mayoría simple.
c) Mayoría absoluta.
d) Unanimidad.

128. Las sesiones extraordinarias de la Junta de Gobierno Local se celebran como mínimo cada:

a) Mes.
b) Quince días.
c) Dos meses.
d) No tienen un mínimo preestablecido.

129. El día y hora de celebración de las sesiones ordinarias de la Junta de Gobierno Local los fija el/la:

a) Reglamento Orgánico.
b) Pleno.
c) Presidente.
d) Ley.

130. Entre la convocatoria y la celebración de la sesión ordinaria de esta Junta de Gobierno Local deben transcurrir:

a) No menos de veinticuatro horas.
b) Setenta y dos horas.
c) Dos días hábiles.
d) Dos días naturales.

131. Las sesiones de la Junta de Gobierno Local son:

a) Públicas.
b) No públicas siempre.
c) A puerta cerrada, salvo votación por mayoría absoluta.
d) Solo deliberantes.

132. Si no hay quórum en primera convocatoria se celebra la reunión de la Junta de Gobierno Local:

a) Una hora después.
b) A los dos días.
c) A la media hora.
d) El día siguiente.

133. Las conclusiones de la Junta de Gobierno Local en reuniones deliberantes se denominan:

a) Dictámenes.
b) Acuerdos.
c) Resoluciones.
d) Instrucciones.

134. Cuando asiste al Presidente, la Junta de Gobierno Local:

a) Adopta acuerdos.
b) Emana dictámenes.
c) Realiza votaciones formales.
d) Expide Decretos.

135. Para votar nominalmente debe acordarse por el/los:

a) Grupos Políticos.
b) Pleno.
c) Alcalde o Presidente.
d) Pleno en votación secreta.

136. La forma de votación prevista con carácter exclusivo para elección de personas es la:

a) Ordinaria.
b) Nominal.
c) A mano alzada.
d) Secreta.

137. La votación por papeletas es la:

a) Forma prohibida.
b) Nominal.
c) Secreta.
d) Ordinaria.

138. Puede delegarse el voto en:

a) Un Concejal del mismo Grupo Político.
b) El Portavoz del Grupo Político.
c) El Presidente.
d) Nadie.

139. Si persiste un empate en una segunda votación se:

a) Celebra una nueva sesión.
b) Lo dirime el Presidente o Alcalde.
c) Levanta la sesión.
d) Efectúa un sorteo.

140. Se requiere quórum de mayoría absoluta del número legal de miembros del Ayuntamiento de un Municipio de régimen común para aprobar:

a) Una delegación de competencias en la Junta de Gobierno Local.
b) La alteración de la calificación jurídica de los bienes comunales.

c) Una Ordenanza de Mercados.
d) Para todos ellos.

141. Si el Ayuntamiento de un Municipio de régimen común pretende vender un bien patrimonial que no supera el 10 % de los recursos ordinarios de Presupuesto, se requiere:

a) Mayoría simple.
b) Mayoría absoluta.
c) Dos tercios del número legal de miembros.
d) Dos tercios del número de hecho de estos.

142. La municipalización de una actividad en monopolio requiere quórum cualificado de:

a) Ningún tipo.
b) Mayoría absoluta del número legal de miembros.
c) Mayoría absoluta del número de hecho de estos.
d) Dos terceras partes del número de hecho y, en todo caso, mayoría absoluta del número legal de miembros.

143. En las Comisiones Informativas, ¿quién decide en caso de empate en las votaciones?

a) El Pleno.
b) El miembro más antiguo, con voto de calidad.
c) El miembro de mayor edad, con voto especial.
d) El Presidente con voto de calidad.

144. Los traslados de una resolución del Alcalde se efectúan por el:

a) Propio Alcalde.
b) Encargado del Registro.
c) Responsable de la Secretaría General.
d) Jefe de la Dependencia.

145. El Alcalde ha de dar cuenta sucinta de las resoluciones que adopte:

a) Al Pleno, en la sesión ordinaria posterior a su adopción.
b) A la Junta de Gobierno Local en la siguiente sesión que celebre.
c) A los Portavoces de los Grupos Políticos representados en la Corporación.
d) En ningún caso, al provenir de un órgano unipersonal.

Solución al test n.º 2

1. d) Son correctas las respuestas b) y c).

2. b) El Decreto de Javier de Burgos, de 30 de noviembre de 1833.

3. a) Las Áreas Metropolitanas.

4. d) La Isla en los archipiélagos balear y canario y los municipios.

5. d) Será causa de disolución.

6. a) El Estado se organiza territorialmente en Municipios, en Provincias y en las Comunidades Autónomas que se constituyan.

7. a) El gobierno y la administración autónoma de las provincias estarán encomendados a las Diputaciones u otras Corporaciones de carácter representativo.

8. d) Todas las respuestas anteriores son correctas.

9. d) Sí.

10. d) Universal, igual, libre, directo y secreto, en la forma establecida en la ley.

11. c) Eficacia, jerarquía, descentralización, desconcentración y coordinación.

12. c) Real Decreto Legislativo 2/2004, de 5 de marzo.

13. c) El Municipio.

14. c) La Asamblea Legislativa de la Comunidad Autónoma.

15. a) Las Áreas Metropolitanas.

16. a) Por las Cortes Generales mediante ley orgánica.

17. c) Entes.

18. d) 1986.

19. d) El Decreto de Javier de León, de 30 de noviembre de 1833.

20. c) La Ley 9/2017, de 8 de noviembre, de Contratos del Sector Público.

21. d) Todas las respuestas son correctas.

22. d) La población, la organización y el territorio.

23. b) El territorio en que el Ayuntamiento ejerce sus competencias.

24. b) La creación de nuevos municipios solo podrá realizarse sobre la base de núcleos de población territorialmente diferenciados, de al menos 4.000 habitantes.

25. b) En ningún caso.

26. d) Las respuestas a) y c) son correctas.

27. c) Acceder a los aprovechamientos comunales.

28. c) No les atribuirá ningún derecho que no les confiera la legislación vigente.

29. c) El registro administrativo donde constan los vecinos de un municipio.

30. d) Ninguna de las respuestas es correcta.

31. a) Deberá inscribirse únicamente en el Padrón municipal del municipio en el que habite durante más tiempo al año.

32. c) Sí, y su formación se realizará por la Administración General del Estado.

33. d) Los municipios que tradicional y voluntariamente cuenten con ese singular régimen de gobierno y administración.

34. a) El Alcalde, los Tenientes de Alcalde y el Pleno existen en todos los Ayuntamientos.

35. a) Existe en todos los municipios.

36. c) El Concejal que haya obtenido la mayoría absoluta de los votos de los concejales.

37. c) Señoría en los municipios que no sean capitales de provincia ni las ciudades de Madrid y Barcelona.

38. d) Todas las respuestas son verdaderas.

39. b) La aprobación del reglamento orgánico y de las ordenanzas.

40. a) La alteración de la calificación jurídica de los bienes de dominio público.

41. a) No superior al tercio del número legal de los mismos.

42. a) A los municipios que sean capitales autonómicas.

43. b) La aprobación del proyecto de presupuesto.

44. b) El titular de la asesoría jurídica.

45. b) Una Comisión especial de Sugerencias y Reclamaciones.

46. c) Un órgano para la resolución de las reclamaciones económico-administrativas.

47. c) Administración de Justicia.

48. c) En los Municipios con población superior a 50.000 habitantes.

49. c) En los Municipios con población superior a 20.000 habitantes.

50. c) En todos los Municipios.

51. b) Plena.

52. c) Paritario.

53. c) Está prohibida en nuestro ordenamiento jurídico.

54. c) Ayuntamiento respectivo.

55. a) Hay que estar empadronado como tal en él.

56. b) Hacienda Local.

57. b) Alcalde.

58. d) Debe figurar todo lo anterior.

59. c) Ministerio de Economía, Comercio y Empresa.

60. c) Administración General del Estado.

61. b) Administración General del Estado.

62. b) Se aplica preferentemente a la establecida por el Reglamento Orgánico de cada Municipio.

63. c) En la sesión constitutiva de la Corporación.

64. d) Las respuestas b) y c) son ciertas.

65. d) Nada de lo expuesto es cierto.

66. c) Cualquier miembro de la Corporación.

67. b) Se procede al nombramiento de otro según las normas aplicadas en el nombramiento del dimitido.

68. a) Gobierno de la Nación.

69. c) Presidente.

70. a) La correspondiente Comunidad Autónoma.

71. a) Inclina la votación al sector en el que él haya votado, en caso de empate producido en la reunión de un órgano colegiado.

72. b) Junta de Gobierno Local.

73. d) Nada de lo anterior es correcto.

74. c) Presidente.

75. a) Pleno.

76. c) Transporte colectivo urbano de viajeros.

77. d) Limpieza viaria.

78. d) 50.000 habitantes.

79. c) 20.000 habitantes.

80. d) Comunidad Autónoma.

81. c) Un procedimiento que tiene por objeto la formación y declaración de voluntad del órgano colegiado.

82. d) Ordinarias, extraordinarias y extraordinarias urgentes.

83. c) Las sesiones extraordinarias no están sujetas a periodicidad.

84. c) Quedará automáticamente convocado para el décimo día hábil siguiente al de la finalización de dicho plazo, a las doce horas.

85. a) La constancia de las tasas que procedan.

86. b) Siempre.

87. a) En los casos de fuerza mayor.

88. c) Que se conceda un turno por alusiones, que será breve y conciso.

89. c) Es la propuesta que se somete directamente a conocimiento del Pleno, sobre un asunto no comprendido en el Orden del Día y que no tiene cabida en el punto de ruegos y preguntas.

90. d) Nominal, secreta y ordinaria.

91. b) Solo podrá utilizarse para elección o destitución de personas.

92. a) La concertación de las operaciones de crédito.

93. b) La alteración del nombre y de la capitalidad del municipio.

94. c) Mayoría absoluta.

95. d) Se hará constar expresamente esta circunstancia y se considerarán dictadas por la Autoridad que la haya conferido.

96. d) Decreto de la Presidencia.

97. a) Inmediatamente ejecutivos.

98. a) En cada sesión ordinaria del Pleno.

99. a) Presidente.

100. c) El Pleno.

101. d) Pleno en sesión extraordinaria.

102. c) Una cuarta parte de este último número.

103. c) Quince días hábiles.

104. c) Dos días hábiles antes.

105. d) Nada de lo anterior es cierto.

106. c) Las extraordinarias.

107. d) Las extraordinarias urgentes.

108. a) Se adjunta a la convocatoria.

109. c) Los Portavoces de los Grupos Políticos.

110. b) Si no se ha dictaminado previamente por la Comisión pertinente.

111. b) Ordinarias.

112. c) Mayoría absoluta del número legal de miembros.

113. c) Nulo.

114. d) Cuando sea lengua oficial.

115. d) Que se acuerde por mayoría absoluta de estos.

116. a) Resolución de la Presidencia.

117. b) La regla general.

118. a) Un tercio del número legal de miembros.

119. d) Entiende automáticamente convocada, a la misma hora, dos días después.

120. a) Levanta la misma.

121. c) Ocho días.

122. c) Multa.

123. c) Cuando se vote.

124. c) Las señala discrecionalmente el Presidente de la sesión.

125. c) Voto particular.

126. b) Pregunta.

127. b) Mayoría simple.

128. d) No tienen un mínimo preestablecido.

129. c) Presidente.

130. a) No menos de veinticuatro horas.

131. b) No públicas siempre.

132. a) Una hora después.

133. a) Dictámenes.

134. b) Emana dictámenes.

135. b) Pleno.

136. d) Secreta.

137. c) Secreta.

138. d) Nadie.

139. b) Lo dirime el Presidente o Alcalde.

140. b) La alteración de la calificación jurídica de los bienes comunales.

141. a) Mayoría simple.

142. b) Mayoría absoluta del número legal de miembros.

143. d) El Presidente con voto de calidad.

144. c) Responsable de la Secretaría General.

145. a) Al Pleno, en la sesión ordinaria posterior a su adopción.

TEST N.º 3

La potestad normativa de las entidades locales. Ordenanzas, reglamentos y bandos. Clases. El procedimiento administrativo local. El deber de resolver. El silencio administrativo. El registro de entrada y salida de documentos. Requisitos de presentación de documentos. Comunicaciones y notificaciones. Práctica de la notificación

1. ¿Cómo se denominan los bandos dictados en desarrollo de las atribuciones del Alcalde para mejor regir y gobernar la vida de la comunidad?

a) Bandos Ordinarios.
b) Bandos de Gobierno.
c) Bandos de Policía y Buen Gobierno.
d) Bandos de Seguridad y Buen Gobierno.

2. ¿A quién le corresponde, en los Municipios de gran población, la aprobación de los proyectos de ordenanzas y reglamentos, incluidos los orgánicos, con excepción de las normas reguladoras del Pleno y de sus comisiones?

a) Al Alcalde.
b) Al Pleno.
c) A la Junta de Gobierno Local.
d) Al Secretario de la Corporación.

3. ¿Cómo se denominan los bandos que se limitan a recordar el cumplimiento de disposiciones vigentes de carácter legal, publicándose en fechas fijadas de antemano por la ley y en todos los Municipios?

a) Bandos generales.
b) Bandos simples.
c) Bandos ordinarios.
d) Bandos periódicos.

4. Por el Pleno de la Corporación se aprobarán inicialmente las Ordenanzas y Reglamentos, como regla general por:

a) Mayoría de los miembros del Pleno de la Corporación.
b) Mayoría absoluta y con el voto favorable del Presidente de la Corporación.
c) Basta con el voto favorable del Presidente de la Corporación.
d) La Junta de Gobierno, por delegación del Pleno.

5. Una vez aprobadas inicialmente las Ordenanzas y Reglamentos, se expondrán al público durante un plazo mínimo de:

a) Cuarenta y cinco días hábiles.
b) Treinta días hábiles.
c) Veinte días naturales.
d) Quince días naturales.

6. Aprobadas definitivamente las Ordenanzas y Reglamentos, se procederá a su publicación en:

a) El Boletín Oficial de la Provincia.
b) El Boletín Oficial de la Comunidad Autónoma.
c) El Boletín Oficial del Estado.
d) En Boletín Oficial de la Comunidad Autónoma y en el BOE.

7. Para la modificación del Reglamento Orgánico de una Corporación, será necesario el voto favorable de/del:

a) Presidente de la Corporación.
b) La mayoría simple del número legal de miembros de la Corporación.
c) La mayoría absoluta del número legal de miembros de la Corporación.
d) No existe una mayoría establecida.

8. ¿Cómo se denominan los bandos dictados en desarrollo de las atribuciones del Alcalde para mejor regir y gobernar la vida de la comunidad?

a) Bandos de urgencia.
b) Bandos periódicos.
c) Bandos de buena administración.
d) Bandos de policía y buen gobierno.

9. ¿A qué disposiciones denomina GARCÍA DE ENTERRÍA «reglamentos de necesidad»?

a) A las Ordenanzas.
b) A los Decretos.
c) A los Reales Decretos.
d) A los Bandos.

10. Las normas locales que regulan las relaciones entre el Ente Local que las promulga y los ciudadanos a los que se dirigen, se denominan:

a) Reglamentos.
b) Ordenanzas.
c) Bandos.
d) Recomendaciones.

11. El procedimiento administrativo local presenta:

a) Muy pocas peculiaridades con respecto al procedimiento administrativo común.
b) Muchas peculiaridades con respecto al procedimiento administrativo común.
c) Ninguna peculiaridad con respecto al procedimiento administrativo común.
d) Es un procedimiento distinto y autónomo respecto al procedimiento administrativo común.

12. En materia de procedimiento administrativo el Reglamento de Organización, Funcionamiento y Régimen Jurídico de las Entidades Locales (ROFRJEL) se remite continuamente a:

a) Ley 39/2015, de 1 de noviembre, del Procedimiento Administrativo Común de las Administraciones Públicas.
b) La Ley de Procedimiento Administrativo Común.
c) Ley 30/1992, de 26 de noviembre, de Régimen Jurídico de las Administraciones Públicas y del Procedimiento Administrativo Común.
d) Ley 40/2015, de 1 de octubre, de régimen jurídico del sector público.

13. La iniciación del procedimiento administrativo local puede producirse:

a) De tres formas.
b) De oficio, cuando se promueve para resolver pretensiones deducidas por los particulares.
c) A instancia de parte.
d) De cuatro formas.

14. Son actos de instrucción:

a) Las alegaciones.
b) La resolución.
c) La prueba.
d) Las respuestas a) y c) son correctas.

15. De acuerdo con el ROFRJEL, en los expedientes informará:

a) El Letrado Jefe de la Asesoría Jurídica.
b) El Secretario municipal.

c) El Jefe de la Dependencia a la que corresponda tramitarlos.
d) El Jefe del Negociado.

16. Los informes para resolver los expedientes:

a) Se redactarán en forma de propuesta de resolución.
b) Contendrán la resolución.
c) Contendrán los pronunciamientos que haya de contener la parte dispositiva.
d) Las respuestas a) y c) son correctas.

17. En los municipios de gran población corresponderá al secretario general del Pleno el asesoramiento legal al Pleno y a las comisiones con carácter preceptivo:

a) Cuando lo solicite un tercio de los miembros de la Corporación.
b) Siempre que se trate de asuntos sobre materias para las que se exija una mayoría simple.
c) Cuando así lo ordene el Teniente de Alcalde.
d) Cuando lo soliciten un cuarto de los miembros de la Corporación.

18. La audiencia del interesado:

a) Es un trámite obligatorio.
b) Es un trámite voluntario.
c) No se puede considerar trámite.
d) No se sujeta a plazo.

19. No es una forma de terminación del procedimiento:

a) El archivo.
b) La declaración de caducidad.
c) El desistimiento.
d) La resolución.

20. El Registro General permanecerá abierto al público:

a) Todos los días naturales.
b) Todos los días hábiles.
c) Todos los días incluidos los fines de semana.
d) Los días alternos.

21. En el Registro de Salida se anotarán:

a) Los oficios y notificaciones, certificaciones, expedientes o resoluciones.
b) Los apuntes contables.

c) Las órdenes y comunicaciones.
d) Las respuestas a) y c) son correctas.

22. Si el documento presentado a Registro no reuniera los datos exigidos por la legislación reguladora del procedimiento administrativo común:

a) Se concederá un plazo de tres días para su subsanación.
b) Se invitará al interesado a que retire el documento.
c) Se apercibirá al interesado.
d) Se concederá un plazo de diez días para su subsanación.

23. Son principios que rigen en el procedimiento local los de:

a) Economía y coordinación.
b) Celeridad y eficacia.
c) Cronología y economía.
d) Todos los anteriores.

24. La no resolución de un expediente por presuntas lagunas legales:

a) Está prohibida.
b) Se permite.
c) Supone la remisión del mismo a la Asesoría Jurídica.
d) Es la regla general.

25. Cuando la Administración tenga conocimiento de que hay terceros interesados en un procedimiento que no han intervenido en el mismo:

a) Se abrirá un período de información pública.
b) Los requerirá para que en diez días aleguen lo que estimen oportuno.
c) Se les notificará el acuerdo que recaiga.
d) Se sigue el procedimiento sin ser necesario oírles.

26. En un informe se inserta en primer lugar la/los/las:

a) Propuesta de resolución.
b) Hechos, en forma concisa.
c) Pronunciamientos de la parte dispositiva.
d) Disposiciones legales aplicables.

27. La antelación con que debe recabarse el informe del Secretario General por el Presidente de la Corporación es de:

a) Una semana.
b) Dos días hábiles.

c) Ocho días hábiles.
d) No se establece tiempo alguno.

28. Para que el Secretario General del Pleno de la Corporación deba emitir informe sobre una cuestión determinada basta con que se lo pida el/un:

a) Concejal o Delegado Provincial.
b) Portavoz de un Grupo Político.
c) Grupo político.
d) Tercio de los miembros de la Corporación.

29. La información pública en la esfera local es:

a) Facultativa.
b) Preceptiva.
c) Vinculante.
d) Nada de lo anterior.

30. Cuando se concluye un expediente se remite al/a la:

a) Secretaría General.
b) Presidencia.
c) Jefatura de Departamento o Servicio.
d) Órgano que haya de decidir.

31. Los expedientes se deben remitir a la Secretaría General para la adopción de resolución por un órgano colegiado:

a) Dos días antes de esta.
b) Tres días antes.
c) Con veinticuatro horas de antelación.
d) Una semana antes de ella.

32. La terminación convencional, en el ámbito local:

a) No se admite en caso alguno.
b) Se rige por el régimen general.
c) Solo es posible en materia de expropiación forzosa.
d) Es la forma normal de terminar un procedimiento.

33. El Registro General de una Entidad debe abrirse:

a) Todos los días.
b) Solo los días hábiles.
c) Durante toda la jornada laboral.
d) Durante esta jornada, permaneciendo el resto del tiempo un retén.

34. Los Libros del Registro General de un Ayuntamiento pueden salir de la Corporación:

a) Cuando lo decrete el Alcalde y por resolución judicial.
b) Con autorización del Secretario General.
c) Para su custodia.
d) En ningún caso.

35. Respecto de estos Libros se pueden expedir:

a) Certificaciones.
b) Notificaciones.
c) Asientos.
d) Oficios.

Solución al test n.º 3

1. c) Bandos de Policía y Buen Gobierno.

2. c) A la Junta de Gobierno Local.

3. d) Bandos periódicos.

4. a) Mayoría de los miembros del Pleno de la Corporación.

5. b) Treinta días hábiles.

6. a) El Boletín Oficial de la Provincia.

7. c) La mayoría absoluta del número legal de miembros de la Corporación.

8. d) Bandos de policía y buen gobierno.

9. d) A los Bandos.

10. b) Ordenanzas.

11. a) Muy pocas peculiaridades con respecto al procedimiento administrativo común.

12. b) La Ley de Procedimiento Administrativo Común.

13. c) A instancia de parte.

14. d) Las respuestas a) y c) son correctas.

15. c) El Jefe de la Dependencia a la que corresponda tramitarlos.

16. d) Las respuestas a) y c) son correctas.

17. a) Cuando lo solicite un tercio de los miembros de la Corporación.

18. a) Es un trámite obligatorio.

19. a) El archivo.

20. b) Todos los días hábiles.

21. d) Las respuestas a) y c) son correctas.

22. d) Se concederá un plazo de diez días para su subsanación.

23. a) Economía y coordinación.

24. a) Está prohibida.

25. b) Los requerirá para que en diez días aleguen lo que estimen oportuno.

26. b) Hechos, en forma concisa.

27. d) No se establece tiempo alguno.

28. d) Tercio de los miembros de la Corporación.

29. a) Facultativa.

30. a) Secretaría General.

31. b) Tres días antes.

32. b) Se rige por el régimen general.

33. b) Solo los días hábiles.

34. d) En ningún caso.

35. a) Certificaciones.

La función pública Local. Concepto y selección de personal. Los derechos y deberes y las situaciones administrativas de los funcionarios locales. Sistema disciplinario

1. ¿En qué situación administrativa se encontrarán los funcionarios de carrera cuando sean designados para formar parte del Consejo General del Poder Judicial?

a) Servicio activo.
b) Servicios especiales.
c) Servicio en otras Administraciones Públicas.
d) Excedencia por interés particular.

2. Los funcionarios de carrera podrán obtener la excedencia voluntaria por interés particular cuando hayan prestado servicios efectivos en cualquiera de las Administraciones Públicas durante un periodo mínimo de:

a) Diez años inmediatamente anteriores.
b) Cinco años inmediatamente anteriores.
c) Tres años inmediatamente anteriores.
d) Dos años inmediatamente anteriores.

3. Señala la respuesta incorrecta respecto de la excedencia de los funcionarios de carrera:

a) La concesión de excedencia voluntaria por interés particular quedará subordinada a las necesidades del servicio debidamente motivadas.
b) Quienes se encuentren en situación de excedencia voluntaria por agrupación familiar no devengarán retribuciones, ni les será computable el tiempo que permanezcan en tal situación a efectos de ascensos, trienios y derechos en el régimen de Seguridad Social que les sea de aplicación.

c) Los funcionarios de carrera tendrán derecho a un período de excedencia de duración no superior a tres años para atender al cuidado de cada hijo, tanto cuando lo sea por naturaleza como por adopción.

d) Las funcionarias víctimas de violencia de género durante los tres primeros meses tendrán derecho a la reserva del puesto de trabajo que desempeñaran, siendo computable dicho período a efectos de antigüedad, carrera y derechos del régimen de Seguridad Social que sea de aplicación.

4. ¿Durante cuánto tiempo se le reservará el puesto de trabajo a los funcionarios de carrera en excedencia por cuidado de familiares?

a) Como máximo cinco años.
b) Al menos, durante tres años.
c) Al menos, durante dos años.
d) Un año, en todo caso.

5. Para el acceso a los cuerpos o escalas del Grupo B se exigirá estar en posesión del:

a) Título de Técnico Superior.
b) Título de Bachiller.
c) Título de Técnico.
d) Título universitario de Grado.

6. Indica una de las notas características de los funcionarios de carrera:

a) Desempeño de servicios de carácter permanente.
b) Nombramiento legal, hecho por Autoridad competente.
c) Los puestos de trabajo que desempeñan han de figurar en la Plantilla orgánica y en el Registro de Personal.
d) Todas las respuestas son correctas.

7. ¿Cómo se denomina al personal que, en virtud de nombramiento y con carácter no permanente, solo realiza funciones expresamente calificadas como de confianza o asesoramiento especial, siendo retribuido con cargo a los créditos presupuestarios consignados para este fin?

a) Personal Laboral.
b) Personal Eventual.
c) Funcionarios interinos.
d) Funcionarios de carrera.

8. Señala la respuesta incorrecta respecto al personal eventual:

a) Su nombramiento y cese serán libres.
b) La condición de personal eventual podrá constituir mérito para el acceso a la Función Pública.

c) Su cese tendrá lugar, en todo caso, cuando se produzca el de la autoridad a la que se preste la función de confianza o asesoramiento.

d) Le será aplicable, en lo que sea adecuado a la naturaleza de su condición, el régimen general de los funcionarios de carrera.

9. Los Ayuntamientos de Municipios con población superior a 50.000 y no superior a 75.000 habitantes podrán incluir en sus plantillas puestos de trabajo de personal eventual por un número que no podrá exceder de:

a) Uno.
b) Dos.
c) Siete.
d) La mitad de concejales de la Corporación local.

10. ¿Con qué frecuencia publicarán las Corporaciones locales en su sede electrónica y en el Boletín Oficial de la Provincia o, en su caso, de la Comunidad Autónoma uniprovincial el número de los puestos de trabajo reservados a personal eventual?

a) Cada cinco años.
b) Cada dos años.
c) Anualmente.
d) Semestralmente.

11. A quienes se encuentren en situación de excedencia por interés particular:

a) Les será computable el tiempo que permanezcan en tal situación a efectos de ascensos.
b) Les será computable el tiempo que permanezcan en tal situación a efectos de trienios y derechos en el régimen de Seguridad Social que les sea de aplicación.
c) No devengarán retribuciones.
d) Todas las respuestas son correctas.

12. Señala la respuesta correcta respecto a la situación de servicios especiales:

a) A los funcionarios en situación de servicios especiales no se les computará el tiempo que permanezcan en esta situación a los efectos de ascensos, trienios o derechos pasivos.
b) Tendrán derecho a la reserva de plaza y destino.
c) Tendrán preferencia para el reingreso en el servicio activo.
d) Todas las respuestas son correctas.

13. No se rigen por el Derecho Administrativo el/los:

a) Funcionarios.
b) Personal Laboral.
c) Personal Eventual.
d) Interinos.

14. Los puestos de confianza o asesoramiento especial se suelen reservar al/a los:

a) Políticos.
b) Personal Eventual.
c) Personal Laboral.
d) Funcionarios.

15. Los interinos ocupan provisionalmente puestos que pueden ser desempeñados por:

a) Contratados temporales.
b) Personal eventual.
c) Funcionarios.
d) Personal Laboral.

16. La titulación exigible para ser funcionario del grupo B según el Real Decreto Legislativo 5/2015, de 30 de octubre, por el que se aprueba el texto refundido de la Ley del Estatuto Básico del Empleado Público, es:

a) Título de Bachiller o Técnico..
b) Título de Graduado en Educación Secundaria Obligatoria
c) Título de Técnico Superior.
d) Título de ESO.

17. Junto a los principios de igualdad, mérito y capacidad, en la selección de los funcionarios, se debe seguir el de:

a) Imparcialidad.
b) Publicidad.
c) Profesionalidad.
d) Concurrencia.

18. La Oferta de Empleo de un Municipio de gran población debe aprobarla el/la:

a) Pleno.
b) Junta de Personal.
c) Presidente.
d) Junta de Gobierno Local.

19. El sistema normal de selección de los laborales es el/la:

a) Oposición libre.
b) Concurso.
c) Concurso-oposición.
d) Todas las respuestas anteriores son correctas.

20. La titulación exigible para ser funcionario del grupo C1, según el Real Decreto Legislativo 5/2015, de 30 de octubre, por el que se aprueba el texto refundido de la Ley del Estatuto Básico del Empleado Público, es:

a) Título de Bachiller o Técnico.
b) Título de Graduado en Educación Secundaria Obligatoria
c) Título de Técnico Superior.
d) Título de ESO.

21. Siguiendo las nuevas titulaciones, se exigirá título de Graduado en Educación Secundaria Obligatoria para pertenecer al Subgrupo:

a) A1.
b) B2.
c) C1.
d) C2.

22. El Texto Refundido de la Ley del Estatuto Básico del Empleado Público se aprobó por:

a) Real Decreto Legislativo 12/2007, de 13 de marzo.
b) Real Decreto Legislativo 5/2012, de 13 de mayo.
c) Real Decreto Legislativo 5/2015, de 30 de octubre.
d) Real Decreto Legislativo 3/2015, de 14 de abril.

23. Los Concursos de Méritos para proveer puestos de trabajo los resuelve, en un Municipio de régimen común, el/la:

a) Pleno.
b) Junta de Gobierno Local.
c) Presidente de la Corporación.
d) Junta de Personal.

24. Los sistemas de provisión de puestos de funcionarios son:

a) La oposición.
b) El concurso de méritos.
c) La libre designación.
d) Las respuestas b) y c) son ciertas.

25. La constitución del Registro de Personal:

a) Se efectúa a nivel estatal.
b) Es facultativa para las Corporaciones Locales.
c) Es obligatoria para las Corporaciones Locales.
d) Se supedita a la voluntad de la correspondiente Comunidad Autónoma.

26. ¿Cuál es la norma vigente por la que se regula el régimen jurídico de los funcionarios de Administración Local con habilitación de carácter nacional?

a) La Ley 5/2008, de 29 de octubre.
b) El Real Decreto 1174/1987, de 18 de septiembre.
c) El Real Decreto 128/2018, de 16 de marzo.
d) La Ley 34/2016, de 3 de abril.

27. ¿En qué clase se encuadrarían las Secretarías de Ayuntamientos de municipios cuyas poblaciones están comprendidas entre 5.001 y 20.000 habitantes?

a) Clase primera.
b) Clase segunda.
c) Clase tercera.
d) Clase cuarta.

28. Como regla general, en las Entidades Locales cuya Secretaría esté clasificada en clase tercera, las funciones propias de la Intervención:

a) No se llevarán a cabo dichas funciones, que las desempeñará el Interventor de la Diputación Provincial respectivo.
b) Existirán dos puestos de trabajo denominados Intervención Municipal.
c) Existirá un puesto de trabajo denominado Intervención.
d) Formarán parte del contenido del puesto de trabajo de Secretaría.

29. Pertenece a la Subescala de Servicios Especiales un:

a) Ingeniero Industrial al servicio de una Corporación Local.
b) Técnico de Administración General.
c) Suboficial del Servicio de Extinción de Incendios.
d) Contratado laboralmente.

30. Dentro del Personal de Oficios el escalón inferior lo ocupan los:

a) Ayudantes.
b) Peones.
c) Operarios.
d) Oficiales.

31. El número de Personal Eventual que haya de existir en un Municipio de régimen común se fija por el/la:

a) Pleno.
b) Alcalde o Presidente.
c) Comunidad Autónoma respectiva.
d) Junta de Gobierno Local.

32. Respecto del Personal Eventual, ha de publicarse en el Boletín Oficial de la Provincia:

a) Las sanciones que se le impongan.
b) El nombramiento y cese.
c) La concesión de menciones honoríficas.
d) Ninguna de las respuestas anteriores es correcta.

33. Tiene especial trascendencia en la regulación de las relaciones laborales del Personal Laboral el/la:

a) Texto Refundido de la Ley del Estatuto de los Trabajadores.
b) Legislación general de funcionarios.
c) Convenio Colectivo propio.
d) Las respuestas a) y c) son correctas.

34. Un Decreto de un Presidente de una Diputación Provincial despidiendo a un laboral al servicio de la misma:

a) Es nulo de pleno derecho al dictarse por órgano manifiestamente incompetente.
b) Basta para que se lleve a cabo dicho despido.
c) Debe ser ratificado por el Pleno de la Corporación.
d) Ha de confirmarse ante el correspondiente Juzgado de lo Social.

35. La no concurrencia con la actividad de la empresa, respecto de este Personal Laboral:

a) Es un derecho del mismo.
b) Significa que pueden trabajar en la esfera privada, haciendo la competencia a la propia Corporación.
c) Le impide desempeñar cualquier tipo de trabajo fuera de la Corporación.
d) Es un deber del mismo, por el cual no puede hacerle la competencia a la Corporación.

36. El funcionario que sea elegido miembro del Parlamento Europeo quedará en situación de:

a) Servicio activo.
b) Excedencia forzosa.
c) Servicios especiales.
d) Suspensión.

37. El funcionario que desempeñe responsabilidades de miembro de un órgano local para el conocimiento y la resolución de las reclamaciones económico-administrativas está en situación de:

a) Servicio activo.
b) Excedencia.

c) Suspensión.
d) Servicios especiales.

38. El mínimo de servicios prestados inmediatos a la petición que se requiere para solicitar una excedencia voluntaria por interés particular es de:

a) Un año.
b) Dos años.
c) Tres años.
d) Cinco años.

39. En caso de excedencia por cuidado de hijos se tiene derecho a reserva del puesto de trabajo desempeñado, al menos, durante:

a) El tiempo que dure la excedencia.
b) Ningún momento.
c) Los dos primeros años.
d) Los tres primeros años.

40. Un funcionario que sea adscrito al servicio del Defensor del Pueblo quedará en su lugar de procedencia en la situación de:

a) Servicio activo.
b) Servicios especiales.
c) Servicio en Comunidad Autónoma.
d) Excedencia especial.

41. ¿De cuánto tiempo disfrutarán los empleados públicos por traslado de domicilio sin cambio de residencia?

a) De dos días.
b) De un día.
c) De dos horas.
d) De un máximo de seis horas.

42. Señala la respuesta incorrecta respecto de los derechos de los funcionarios públicos:

a) Por razones de guarda legal, cuando el funcionario tenga el cuidado directo de algún menor de doce años, de persona mayor que requiera especial dedicación, o de una persona con discapacidad que no desempeñe actividad retribuida, tendrá derecho a la reducción de su jornada de trabajo, sin disminución de sus retribuciones.
b) Por lactancia de un hijo menor de doce meses, la funcionaria tendrá derecho a una hora de ausencia del trabajo que podrá dividir en dos fracciones.

TEST N.º 4 ||||

c) Por nacimiento de hijos prematuros o que por cualquier otra causa deban permanecer hospitalizados a continuación del parto, la funcionaria o el funcionario tendrá derecho a ausentarse del trabajo durante un máximo de dos horas diarias percibiendo las retribuciones íntegras.

d) La funcionaria podrá solicitar la sustitución del tiempo de lactancia por un permiso retribuido que acumule en jornadas completas el tiempo correspondiente.

43. Por ser preciso atender el cuidado de un familiar de primer grado, el funcionario tendrá derecho a solicitar una reducción de:

a) Hasta el cincuenta por ciento de la jornada laboral, con carácter retribuido, por razones de enfermedad grave o muy grave y por el plazo máximo de tres meses.

b) Hasta el setenta por ciento de la jornada laboral, con carácter retribuido, por razones de enfermedad grave o muy grave y por el plazo máximo de un mes.

c) Hasta el cincuenta por ciento de la jornada laboral, con carácter retribuido, por razones de enfermedad muy grave y por el plazo máximo de un mes.

d) Hasta el setenta por ciento de la jornada laboral, con carácter retribuido, por razones de enfermedad muy grave y por el plazo máximo de un mes.

44. No tendrán dedicación exclusiva los miembros de Corporaciones locales de población inferior a:

a) 15.000 habitantes.
b) 10.000 habitantes.
c) 2.500 habitantes.
d) 1.000 habitantes.

45. ¿Qué retribución complementaria está destinada a retribuir las condiciones particulares de algunos puestos de trabajo en atención a su especial dificultad técnica, dedicación, incompatibilidad, responsabilidad, peligrosidad o penosidad?

a) El complemento especial.
b) El complemento específico.
c) El complemento de productividad.
d) El complemento extraordinario.

46. ¿A quién corresponde la asignación individual del complemento de productividad en las Corporaciones Locales?

a) Al Alcalde o Presidente.
b) Al Secretario.
c) Al Interventor.
d) Al Pleno.

47. A tenor del artículo 95 TR-LEBEP, el incumplimiento por los funcionarios de las normas sobre incompatibilidades cuando ello dé lugar a una situación de incompatibilidad, podrá ser constitutivo de falta:

a) Muy grave.
b) Grave.
c) Menos grave.
d) Leve.

48. Conforme al art. 96 TR-LEBEP, por razón de faltas cometidas podrán imponerse la siguiente sanción:

a) Suspensión firme de funciones, o de empleo y sueldo en el caso del personal laboral, con una duración máxima de 5 años.
b) Despido disciplinario del personal laboral, que solo podrá sancionar la comisión de faltas muy graves o graves y comportará la inhabilitación para ser titular de un nuevo contrato de trabajo con funciones similares a las que desempeñaban.
c) Separación del servicio de los funcionarios, que en el caso de los funcionarios interinos comportará la revocación de su nombramiento, y que solo podrá sancionar la comisión de faltas muy graves o graves.
d) Demérito, que consistirá en la penalización a efectos de carrera, promoción o movilidad voluntaria.

49. Salvo en caso de paralización del procedimiento imputable al interesado, la suspensión provisional como medida cautelar en la tramitación de un expediente disciplinario no podrá exceder de:

a) Un año.
b) 9 meses.
c) 6 meses.
d) 3 meses.

50. ¿Cuándo prescriben las sanciones impuestas por faltas leves?

a) A los dos años.
b) Al año.
c) A los seis meses.
d) Al mes.

51. ¿Cuándo prescriben las sanciones impuestas por faltas graves?

a) A los seis años.
b) A los cinco años.
c) A los tres años.
d) A los dos años.

52. ¿Cuál es la duración máxima de la sanción de suspensión de funciones por faltas muy graves?

a) Diez años.
b) Seis años.
c) Cinco años.
d) Cuatro años.

53. ¿Cuál es la duración máxima de la sanción de suspensión de funciones por faltas graves?

a) Cinco años.
b) Tres años.
c) Dos años.
d) Un año.

54. Indica cuál de los siguientes es uno de los derechos de carácter individual de los empleados públicos:

a) A percibir las retribuciones y las indemnizaciones por razón del servicio.
b) Al desempeño efectivo de las funciones o tareas propias de su condición profesional y de acuerdo con la progresión alcanzada en su carrera profesional.
c) A la formación continua y a la actualización permanente de sus conocimientos y capacidades profesionales, preferentemente en horario laboral.
d) Todas las respuestas son correctas.

55. El permiso de paternidad en 2023 por el nacimiento, guarda con fines de adopción, acogimiento o adopción de un hijo tendrá una duración, a disfrutar por el padre o el otro progenitor a partir de la fecha del nacimiento, de la decisión administrativa de guarda con fines de adopción o acogimiento, o de la resolución judicial por la que se constituya la adopción, de:

a) Nueve semanas.
b) Dieciséis semanas.
c) Doce semanas.
d) Quince semanas.

56. ¿Qué complemento está destinado a retribuir el especial rendimiento, la actividad y dedicación extraordinarias y el interés o iniciativa con que se desempeñen los puestos de trabajo?

a) El complemento de productividad.
b) El complemento específico.
c) El complemento singular.
d) El complemento de dedicación especial.

57. Los funcionarios públicos tendrán derecho a disfrutar, durante cada año natural, de unas vacaciones retribuidas de:

a) Veinte días hábiles, o de los días que correspondan proporcionalmente si el tiempo de servicio durante el año fue menor.

b) Veintidós días hábiles, o de los días que correspondan proporcionalmente si el tiempo de servicio durante el año fue menor.

c) Veintiséis días hábiles, o de los días que correspondan proporcionalmente si el tiempo de servicio durante el año fue menor.

d) Treinta días hábiles, o de los días que correspondan proporcionalmente si el tiempo de servicio durante el año fue menor.

58. ¿Cuántos días hábiles de permiso se concederán en el caso de accidente o enfermedad graves, hospitalización o intervención quirúrgica sin hospitalización que precise de reposo domiciliario del cónyuge, pareja de hecho o parientes hasta el primer grado por consanguinidad o afinidad, así como de cualquier otra persona distinta de las anteriores que conviva con el funcionario o funcionaria en el mismo domicilio y que requiera el cuidado efectivo de aquella?

a) Tres días.

b) Cuatro días.

c) Cinco días.

d) Seis días.

59. ¿De cuántos días al año, con carácter general, podrá disponer el funcionario de permiso para asuntos personales sin justificación?

a) De hasta 6 días al año.

b) De hasta 7 días al año.

c) De hasta 8 días al año.

d) De hasta 9 días al año.

60. Como máximo y con carácter general, si se mantiene la necesidad de cuidado directo, continuo y permanente, el permiso por cuidado de hijo menor afectado por cáncer u otra enfermedad grave, se extenderá hasta que cumpla:

a) 12 años.

b) 18 años.

c) 16 años.

d) 23 años.

61. Por razón de matrimonio o constitución formalizada por documento público de pareja de hecho, los funcionarios tendrán derecho a una licencia de:

a) Diez días.

b) Un mes.

c) Quince días.

d) Veinte días.

62. Por muerte de un tío carnal, teniendo en cuenta que es familiar dentro del tercer grado, se tiene derecho al siguiente permiso:

a) Dos días si es en la misma localidad.
b) Cuatro días si es en distinta localidad.
c) Ningún día.
d) Las respuestas a) y b) son correctas.

63. La disminución de la jornada por cuidado directo de un menor de seis años:

a) Puede equivaler a un tercio o un medio.
b) No implica reducción de retribuciones.
c) Comporta exclusivamente la reducción de las retribuciones complementarias.
d) Nada de lo anterior es cierto.

64. La observancia de las normas sobre seguridad y salud laboral:

a) Es un principio ético de los empleados públicos.
b) Se ajustará a lo que indiquen los representantes de los trabajadores.
c) Se establece solo para los puestos de trabajo cuyo desempeño suponga riesgos inequívocos.
d) Es obligatoria para todos los empleados públicos.

65. Para el cumplimiento de un deber inexcusable de carácter público o personal, se tiene derecho a un permiso:

a) De tres días.
b) Por tiempo indispensable.
c) De cinco días.
d) De dos días.

66. En una Corporación de cincuenta y nueve funcionarios existirán representándolos:

a) Un Delegado de Personal.
b) Dos Delegados de Personal.
c) Un Comité de Empresa.
d) Una Junta de Personal.

67. El personal funcionario que no tenga dedicación exclusiva o especial dedicación ha de cumplir una jornada laboral semanal de:

a) Treinta y cinco horas.
b) Treinta y siete horas y media.
c) Cuarenta horas.
d) Veinticuatro horas.

68. El incumplimiento de la obligación de atender los servicios esenciales en caso de huelga es constitutivo de:

a) Falta muy grave.
b) Falta grave.
c) Falta leve.
d) Un derecho.

69. El abandono del servicio da lugar a:

a) Sanción pecuniaria.
b) Falta muy grave.
c) Falta grave.
d) Falta leve.

70. Por su parte, el acoso laboral se tipifica como:

a) Falta muy grave.
b) Falta grave.
c) Falta leve.
d) No está tipificada.

71. El descrédito para la imagen pública de la Administración Pública es una circunstancia que debe ser atendida para determinar las faltas:

a) Muy graves.
b) Graves.
c) Leves.
d) Las respuestas b) y c) son correctas.

72. La responsabilidad de los funcionarios que induzcan a otros a cometer una falta:

a) Es similar a la exigible a estos.
b) Se minora en un grado.
c) Se castiga con una sanción superior en grado.
d) Es inexistente.

73. La suspensión firme de funciones no puede ser superior a:

a) Tres meses.
b) Tres años.
c) Un año.
d) Seis años.

74. En el caso de separación del servicio de un funcionario interino:

a) Podrá ser rehabilitado en el futuro.
b) No es necesaria la motivación del acto.

c) Permanece en activo hasta que se cubra la vacante que venía desempeñando.
d) Se revoca su nombramiento.

75. La prescripción de las faltas graves se produce a los:

a) Seis meses.
b) Dos meses.
c) Seis años.
d) Dos años.

76. La separación del servicio en un Municipio de gran población se acuerda por el/la:

a) Sindicato mayoritario.
b) Presidente de la Corporación.
c) Pleno de la Corporación.
d) Junta de Gobierno Local.

77. En la corrección de una falta leve, un trámite inexcusable es:

a) La previa audiencia al inculpado.
b) Incoar diligencias preliminares.
c) Incoar expediente disciplinario ordinario.
d) Ninguno de los anteriores.

78. Los trienios se cobran:

a) En igual cuantía dentro de cada Subgrupo o Grupo de clasificación profesional, en el supuesto de que este no tenga Subgrupo.
b) En concepto de retribución complementaria.
c) Solo mensualmente, sin percibirse en las pagas extraordinarias.
d) Ninguna de las respuestas anteriores es correcta.

79. En las pagas extraordinarias se percibe:

a) El sueldo y el complemento de destino solamente.
b) Todas las retribuciones.
c) Las retribuciones básicas en exclusiva.
d) Nada de lo expuesto es correcto.

80. La participación en las multas impuestas por un funcionario, cuando esté normativamente atribuida a los servicios:

a) Está expresamente prohibida.
b) No está sujeta a retención fiscal.

c) Se permite excepcionalmente, con arreglo a dicha normativa.
d) Es la regla general y forma parte de las retribuciones complementarias.

81. Las retribuciones básicas de los funcionarios se fijan y se recogen por el/la/las:

a) Leyes de Presupuestos de cada Comunidad Autónoma.
b) Presupuesto de cada Corporación Local.
c) Ley de Presupuestos Generales del Estado.
d) Todas las respuestas anteriores son correctas.

82. Señala la respuesta incorrecta. Las retribuciones complementarias de los funcionarios se establecerán por las correspondientes leyes de cada Administración Pública atendiendo, entre otros, a los siguientes factores:

a) La especial dificultad técnica, responsabilidad, dedicación, incompatibilidad exigible para el desempeño de determinados puestos de trabajo.
b) Los servicios extraordinarios prestados en la jornada normal de trabajo.
c) La progresión alcanzada por el funcionario dentro del sistema de carrera administrativa.
d) El grado de interés, iniciativa o esfuerzo con que el funcionario desempeña su trabajo.

83. La asistencia sanitaria de los funcionarios locales corresponde en la actualidad a la:

a) Sanidad privada.
b) Seguridad Social.
c) Mutualidad Nacional de Previsión de la Administración Local.
d) Cualquiera de las anteriores.

84. ¿Cuándo prescriben las sanciones impuestas por faltas leves?

a) A los dos años.
b) Al año.
c) A los seis meses.
d) Al mes.

85. Señala la respuesta incorrecta:

a) Los funcionarios que indujeren a otros a la comisión de actos o conductas constitutivos de falta disciplinaria, incurriendo en la misma responsabilidad que estos.
b) La imposición de sanciones por faltas leves se llevará a cabo por procedimiento sumario sin necesidad de audiencia al interesado.
c) El tiempo de permanencia en suspensión provisional será de abono para el cumplimiento de la suspensión firme.
d) El alcance de cada sanción se establecerá teniendo en cuenta el grado de intencionalidad, descuido o negligencia que se revele en la conducta, el daño al interés público, la reiteración o reincidencia, así como el grado de participación.

Solución al test n.º 4

1. b) Servicios especiales.

2. b) Cinco años inmediatamente anteriores.

3. d) Las funcionarias víctimas de violencia de género durante los tres primeros meses tendrán derecho a la reserva del puesto de trabajo que desempeñaran, siendo computable dicho período a efectos de antigüedad, carrera y derechos del régimen de Seguridad Social que sea de aplicación.

4. c) Al menos, durante dos años.

5. a) Título de Técnico Superior.

6. d) Todas las respuestas son correctas.

7. b) Personal Eventual.

8. b) La condición de personal eventual podrá constituir mérito para el acceso a la Función Pública.

9. d) La mitad de concejales de la Corporación local.

10. d) Semestralmente.

11. c) No devengarán retribuciones.

12. b) Tendrán derecho a la reserva de plaza y destino.

13. b) Personal Laboral.

14. b) Personal Eventual.

15. c) Funcionarios.

16. c) Título de Técnico Superior.

17. b) Publicidad.

18. d) Junta de Gobierno Local.

19. d) Todas las respuestas anteriores son correctas.

20. a) Título de Bachiller o Técnico.

21. d) C2.

22. c) Real Decreto Legislativo 5/2015, de 30 de octubre.

23. c) Presidente de la Corporación.

24. d) Las respuestas b) y c) son ciertas.

25. c) Es obligatoria para las Corporaciones Locales.

26. c) El Real Decreto 128/2018, de 16 de marzo.

27. b) Clase segunda.

28. d) Formarán parte del contenido del puesto de trabajo de Secretaría.

29. c) Suboficial del Servicio de Extinción de Incendios.

30. c) Operarios.

31. a) Pleno.

32. d) Ninguna de las respuestas anteriores es correcta.

33. d) Las respuestas a) y c) son correctas.

34. b) Basta para que se lleve a cabo dicho despido.

35. d) Es un deber del mismo, por el cual no puede hacerle la competencia a la Corporación.

36. c) Servicios especiales.

37. d) Servicios especiales.

38. d) Cinco años.

39. c) Los dos primeros años.

40. b) Servicios especiales.

41. b) De un día.

42. a) Por razones de guarda legal, cuando el funcionario tenga el cuidado directo de algún menor de doce años, de persona mayor que requiera especial dedicación, o de una persona con discapacidad que no desempeñe actividad retribuida, tendrá derecho a la reducción de su jornada de trabajo, sin disminución de sus retribuciones.

43. c) Hasta el cincuenta por ciento de la jornada laboral, con carácter retribuido, por razones de enfermedad muy grave y por el plazo máximo de un mes.

44. d) 1.000 habitantes.

45. b) El complemento específico.

46. a) Al Alcalde o Presidente.

47. a) Muy grave.

48. d) Demérito, que consistirá en la penalización a efectos de carrera, promoción o movilidad voluntaria.

49. c) 6 meses.

50. b) Al año.

51. d) A los dos años.

52. b) Seis años.

53. b) Tres años.

54. d) Todas las respuestas son correctas.

55. b) Dieciséis semanas.

56. a) El complemento de productividad.

57. b) Veintidós días hábiles, o de los días que correspondan proporcionalmente si el tiempo de servicio durante el año fue menor.

58. c) Cinco días.

59. a) De hasta 6 días al año.

60. d) 23 años.

61. c) Quince días.

62. c) Ningún día.

63. d) Nada de lo anterior es cierto.

64. d) Es obligatoria para todos los empleados públicos.

65. b) Por tiempo indispensable.

66. d) Una Junta de Personal.

67. b) Treinta y siete horas y media.

68. a) Falta muy grave.

69. b) Falta muy grave.

70. a) Falta muy grave.

71. d) Las respuestas b) y c) son correctas.

72. a) Es similar a la exigible a estos.

73. d) Seis años.

74. d) Se revoca su nombramiento.

75. d) Dos años.

76. d) Junta de Gobierno Local.

77. a) La previa audiencia al inculpado.

78. a) En igual cuantía dentro de cada Subgrupo o Grupo de clasificación profesional, en el supuesto de que este no tenga Subgrupo.

79. d) Nada de lo expuesto es correcto.

80. a) Está expresamente prohibida.

81. d) Todas las respuestas anteriores son correctas.

82. b) Los servicios extraordinarios prestados en la jornada normal de trabajo.

83. b) Seguridad Social.

84. b) Al año.

85. b) La imposición de sanciones por faltas leves se llevará a cabo por procedimiento sumario sin necesidad de audiencia al interesado.

TEST N.º 5

La igualdad de género. El principio de igualdad y la tutela contra la discriminación. Políticas públicas para la igualdad

1. Según el artículo 9.2. de la Constitución, "corresponde a los poderes públicos .... las condiciones para que la libertad y la igualdad del individuo y de los grupos en que se integra sean reales y efectivas; .... los obstáculos que impidan o dificulten su plenitud y .... la participación de todos los ciudadanos en la vida política, económica, cultural y social". ¿Qué tres verbos faltan en la anterior frase?

a) Promover, remover y facilitar.
b) Impulsar, superar y posibilitar.
c) Crear, eliminar y alentar.
d) Facilitar, disminuir y promover.

2. ¿Qué título de la LO 3/2007, de 22 de marzo, para la igualdad efectiva de mujeres y hombres, trata sobre el principio de igualdad en el empleo público?

a) Título II.
b) Título IV.
c) Título V.
d) Título VI.

3. Según su artículo 1, la LO 3/2007 tiene por objeto hacer efectivo el derecho de:

a) Conciliación de la vida laboral y familiar de mujeres y hombres.
b) Igualdad de trato y de oportunidades entre mujeres y hombres.
c) Participación en los asuntos públicos en igualdad de condiciones.
d) No discriminación por razón de sexo.

4. Las obligaciones establecidas en la LO 3/2007 son de aplicación:

a) A toda persona, física o jurídica, que se encuentre o actúe en territorio español, cualquiera que fuese su nacionalidad, domicilio o residencia.
b) A todos los ciudadanos españoles, ya sea en territorio español o territorio de cualquier país extranjero.

c) A toda persona, física o jurídica, que se encuentre o actúe en territorio español, con nacionalidad española.

d) A toda persona, física o jurídica, que resida en territorio español, cualquiera que fuese su nacionalidad.

5. La LO 3/2007 entró en vigor el 24 de marzo de 2007, con una excepción que entró en vigor el 31 de diciembre de 2008:

a) Lo previsto en el artículo 19 sobre la obligatoriedad de los proyectos de disposiciones de carácter general de incorporar un informe sobre su impacto por razón de género.

b) Lo previsto en el artículo 44.3., referente al reconocimiento a los padres del derecho a un permiso y una prestación por paternidad.

c) Lo previsto en el artículo 49, sobre la implantación de planes de igualdad en las pequeñas y medianas empresas.

d) Lo previsto en el artículo 71.2., referente a costes relacionados con el embarazo y el parto en contratos de seguros o servicios financieros.

6. Según el artículo 4 de la LO 3/2007, la igualdad de trato y de oportunidades entre mujeres y hombres:

a) Es un deber de las Administraciones Públicas.

b) Es una fuente formal del Derecho.

c) Es un principio informador del ordenamiento jurídico.

d) Es un objetivo fundamental del procedimiento administrativo.

7. Señala la respuesta incorrecta. Según el artículo 3 de la LO 3/2007, el principio de igualdad de trato entre mujeres y hombres supone la ausencia de toda discriminación, directa o indirecta, por razón de sexo, y especialmente, las derivadas de:

a) La maternidad.

b) La tendencia sexual.

c) La asunción de obligaciones familiares.

d) El estado civil.

8. La situación en que se encuentra una persona que sea, haya sido o pudiera ser tratada, en atención a su sexo, de manera menos favorable que otra en situación comparable, se considera:

a) Discriminación directa.

b) Acoso sexual.

c) Discriminación indirecta.

d) Violencia de género.

9. Cualquier comportamiento realizado en función del sexo de una persona, con el propósito o el efecto de atentar contra su dignidad y de crear un entorno intimidatorio, degradante u ofensivo, constituye:

a) Discriminación directa.
b) Acoso sexual.
c) Acoso por razón de sexo.
d) Discriminación indirecta.

10. Los actos y las cláusulas de los negocios jurídicos que constituyan o causen discriminación por razón de sexo se considerarán:

a) Válidos, pero anulables.
b) Nulos y sin efecto.
c) Ilegales.
d) Nulos, pero con efectos.

11. Con el fin de hacer efectivo el derecho constitucional de la igualdad, los Poderes Públicos adoptarán medidas específicas en favor de las mujeres para corregir situaciones patentes de desigualdad de hecho respecto de los hombres. Tales medidas, que serán aplicables en tanto subsistan dichas situaciones, habrán de ser en relación con el objetivo perseguido en cada caso, razonables y:

a) Justificadas.
b) Autorizadas judicialmente.
c) Transparentes.
d) Proporcionadas.

12. El artículo 14 de la LO 3/2007 señala como uno de los criterios generales de actuación de los Poderes Públicos para el cumplimiento de los fines de esta ley, la participación equilibrada de mujeres y hombres en:

a) Los órganos colegiados de organismos públicos.
b) Los órganos directivos de las empresas de más de 250 trabajadores.
c) Los tribunales de selección y de decisión.
d) Las candidaturas electorales y en la toma de decisiones.

13. Según el artículo 15 de la LO 3/2007, el principio de igualdad de trato y oportunidades entre mujeres y hombres informará la actuación de todos los Poderes Públicos, con carácter:

a) General.
b) Transversal.
c) Integral.
d) Global.

14. El artículo 20 de la LO 3/2007 establece una serie de medidas obligatorias a las que se someterán los estudios y estadísticas que elaboren los poderes públicos. ¿Cuál de las siguientes es una de dichas medidas?

a) Excluir sistemáticamente la variable de sexo en las estadísticas, encuestas y recogida de datos que lleven a cabo.

b) Realizar muestras lo suficientemente amplias para evitar que las diversas variables incluidas puedan ser explotadas y analizadas en función de la variable de sexo.

c) Explotar los datos de que disponen de modo que se puedan conocer las diferentes situaciones, condiciones, aspiraciones y necesidades de mujeres y hombres en los diferentes ámbitos de intervención.

d) Establecer e incluir en las operaciones estadísticas nuevos indicadores que posibiliten un mejor conocimiento de las similitudes en los valores, roles, situaciones, condiciones, aspiraciones y necesidades de mujeres y hombres.

15. Conforme al artículo 21 de la LO 3/2007, la Administración General del Estado y las Administraciones de las Comunidades Autónomas cooperarán para integrar el derecho de igualdad entre mujeres y hombres en el ejercicio de sus respectivas competencias y, en especial, en sus actuaciones de:

a) Supervisión.
b) Planificación.
c) Regulación.
d) Dirección.

16. Conforme al artículo 22 de la LO 3/2007, las corporaciones locales, con el fin de avanzar hacia un reparto equitativo de los tiempos entre mujeres y hombres, podrán establecer:

a) Planes Municipales de Empleo con perspectiva de género.
b) Ordenanzas de regulación del tiempo.
c) Ordenanzas o Edictos de representación equilibrada en los tiempos de la ciudad.
d) Planes Municipales de organización del tiempo de la ciudad.

17. Conforme al artículo 26 de la LO 3/2007, los distintos organismos, agencias, entes y demás estructuras de las Administraciones Públicas que de modo directo o indirecto configuren el sistema de gestión cultural, desarrollarán entre otras actuaciones, adoptar iniciativas destinadas a favorecer la promoción específica de las mujeres en la cultura y a combatir su discriminación estructural y/o:

a) Difusa.
b) Generacional.
c) Ambigua.
d) Encubierta.

18. Según el artículo 39 de la LO 3/2007, las Administraciones Públicas promoverán, para contribuir al cumplimiento de la legislación en materia de igualdad entre mujeres y hombres, la adopción por parte de los medios de comunicación de:

a) Planes de Igualdad.
b) Libros de Estilo de Lenguaje no sexista.
c) Acuerdos de Autorregulación.
d) Planes Estratégicos de Igualdad de Oportunidades.

19. En relación con los Planes de Igualdad de las Empresas, es cierto que:

a) Son obligatorios en todas las empresas de más de 10 trabajadores.
b) Se referirán a unidades organizativas dentro de la Empresa, sin perjuicio del establecimiento de acciones especiales adecuadas a la totalidad de la Empresa.
c) Son un conjunto ordenado de medidas, adoptadas después de realizar un diagnóstico de situación.
d) No pueden tratar materias de retribuciones o de organización del tiempo de trabajo.

20. La Disposición Adicional Primera de la LO 3/2007 determina que se entenderá por composición equilibrada la presencia de mujeres y hombres de forma que, en el conjunto al que se refiera, las personas de cada sexo:

a) No superen el 55 % ni sean menos del 45 %.
b) No superen el 70 % ni sean menos del 30 %.
c) No superen el 60 % ni sean menos del 40 %.
d) No superen el 65 % ni sean menos del 35 %.

21. El Capítulo III del Título V de la LO 3/2007 establece una serie de medidas que han de aplicarse obligatoriamente en la Administración General del Estado y en los organismos públicos vinculados o dependientes de ella, para favorecer la igualdad en el empleo público. Entre ellas figura:

a) Siempre que se apruebe la celebración de convocatorias de pruebas selectivas para el acceso al empleo público, sin excepción, se incluirá un informe de impacto de género.
b) En las bases de los concursos para la provisión de puestos de trabajo se computará, a los efectos de valoración del trabajo desarrollado y de los correspondientes méritos, el tiempo que las personas candidatas hayan permanecido en excedencia, reducción de jornada o permisos relacionados con la maternidad.
c) Cuando el período de vacaciones coincida con una incapacidad temporal derivada del embarazo, parto o lactancia natural, o con el permiso de maternidad, o con su ampliación por lactancia, la empleada pública tendrá derecho a disfrutar las vacaciones en fecha distinta, siempre que no haya terminado el año natural al que correspondan.
d) Preferencia por tiempo indefinido, en la adjudicación de plazas para participar en los cursos de formación a quienes se hayan incorporado al servicio activo procedentes del permiso de maternidad o paternidad, o hayan reingresado desde la situación de excedencia por razones de guarda legal y atención a personas mayores dependientes o personas con discapacidad.

22. Según el artículo 60.2. de la LO 3/2007, con el fin de facilitar la promoción profesional de las empleadas públicas y su acceso a puestos directivos en la Administración General del Estado y en los organismos públicos vinculados o dependientes de ella, en las convocatorias de los correspondientes cursos de formación se reservará para su adjudicación a aquellas que reúnan los requisitos establecidos, al menos:

a) Un 40 % de las plazas.
b) Un 50 % de las plazas.
c) Un 60 % de las plazas.
d) Un 75 % de las plazas.

23. Los Capítulos IV y V del Título V de la LO 3/2007 recogen expresamente el respeto que han de tener las normas sobre personal de las Fuerzas Armadas y las normas reguladoras de las Fuerzas y Cuerpos de Seguridad del Estado, al principio de igualdad, impidiendo cualquier situación de discriminación sobre todo en lo referente al sistema de acceso, formación, ascensos, destinos y:

a) Jornada de trabajo.
b) Retribuciones.
c) Vacaciones.
d) Situaciones administrativas.

24. El artículo 69.3 de la LO 3/2007 dispone que serán admisibles las diferencias de trato en el acceso a bienes y servicios cuando estén justificadas por un propósito legítimo y los medios para lograrlo sean:

a) Pactados y formalizados por escrito.
b) Adecuados y necesarios.
c) Temporales y transparentes.
d) Imprescindibles e inevitables.

25. ¿Qué plazo otorgó la LO 3/2007, a partir de su entrada en vigor, a las sociedades mercantiles obligadas a presentar cuenta de pérdidas y ganancias no abreviada para incluir en su Consejo de administración un número de mujeres que permita alcanzar una presencia equilibrada de mujeres?

a) 1 año.
b) 3 años.
c) 4 años.
d) 8 años.

Solución al test n.º 5

1. a) Promover, remover y facilitar.

2. c) Título V.

3. b) Igualdad de trato y de oportunidades entre mujeres y hombres.

4. a) A toda persona, física o jurídica, que se encuentre o actúe en territorio español, cualquiera que fuese su nacionalidad, domicilio o residencia.

5. d) Lo previsto en el artículo 71.2, referente a costes relacionados con el embarazo y el parto en contratos de seguros o servicios financieros.

6. c) Es un principio informador del ordenamiento jurídico.

7. b) La tendencia sexual.

8. a) Discriminación directa.

9. c) Acoso por razón de sexo.

10. b) Nulos y sin efecto.

11. d) Proporcionadas.

12. d) Las candidaturas electorales y en la toma de decisiones.

13. b) Transversal.

14. c) Explotar los datos de que disponen de modo que se puedan conocer las diferentes situaciones, condiciones, aspiraciones y necesidades de mujeres y hombres en los diferentes ámbitos de intervención.

15. b) Planificación.

16. d) Planes Municipales de organización del tiempo de la ciudad.

17. a) Difusa.

18. c) Acuerdos de Autorregulación.

19. c) Son un conjunto ordenado de medidas, adoptadas después de realizar un diagnóstico de situación.

20. c) No superen el 60 % ni sean menos del 40 %.

21. b) En las bases de los concursos para la provisión de puestos de trabajo se computará, a los efectos de valoración del trabajo desarrollado y de los correspondientes méritos, el tiempo que las personas candidatas hayan permanecido en excedencia, reducción de jornada o permisos relacionados con la maternidad.

22. a) Un 40 % de las plazas.

23. d) Situaciones administrativas.

24. b) Adecuados y necesarios.

25. d) 8 años.

TEST N.º 6

Los ciudadanos y acceso electrónico a los servicios públicos. La sede electrónica. Gestión electrónica de trámites. Identificación y autenticación. Registros, comunicaciones y notificaciones electrónicas. Derechos y deberes de los vecinos en el ámbito local

1. Se define como "dirección electrónica disponible para los ciudadanos a través de redes de telecomunicaciones cuya titularidad, gestión y administración corresponde a una Administración Pública, órgano o entidad administrativa en el ejercicio de sus competencias":

a) Sede electrónica.
b) Administración electrónica.
c) Página web de una Administración Pública.
d) Estándar abierto.

2. Los datos en formato electrónico anejos a otros datos electrónicos o asociados de manera lógica con ellos que utiliza el firmante para firmar, constituyen, según el Reglamento (UE) 910/2014:

a) La firma electrónica.
b) El certificado electrónico.
c) El expediente electrónico.
d) El documento electrónico.

3. Los registros electrónicos de las Administraciones Públicas deben permitir la presentación de solicitudes, escritos y comunicaciones:

a) Los mismos días hábiles que el resto de registros.
b) En el horario de presencia de los funcionarios a su cargo.
c) Al menos 12 horas al día, todos los días lectivos.
d) Todos los días del año durante las 24 horas.

4. En relación al tipo de comunicación de interesado con la Administración, no es cierto que:

a) Las personas físicas puedan elegir en todo momento si se comunican con las Administraciones Públicas para el ejercicio de sus derechos y obligaciones a través de medios electrónicos o no, salvo que estén obligadas a relacionarse a través de medios electrónicos con las Administraciones Públicas.

b) Las Administraciones puedan establecer la obligación de relacionarse con ellas a través de medios electrónicos para determinados procedimientos y para ciertos colectivos de personas físicas.

c) Las personas jurídicas estén obligadas a relacionarse a través de medios electrónicos con las Administraciones Públicas para la realización de cualquier trámite de un procedimiento administrativo.

d) El medio elegido por la persona para comunicarse con las Administraciones Públicas no puede ser modificado a lo largo del procedimiento.

5. No están obligados a relacionarse a través de medios electrónicos con las Administraciones Públicas para la realización de cualquier trámite de un procedimiento administrativo:

a) Las entidades sin personalidad jurídica.

b) Todo aquel que ostente la representación de un interesado.

c) Quienes ejerzan una actividad profesional para la que se requiera colegiación obligatoria, para los trámites y actuaciones que realicen con las Administraciones Públicas en ejercicio de dicha actividad profesional.

d) Las personas jurídicas.

6. En las disposiciones de creación de registros electrónicos no es necesario especificar:

a) Los días declarados como inhábiles.

b) La caducidad del registro.

c) El órgano o unidad responsable de su gestión.

d) La fecha y hora oficial.

7. El proceso tecnológico que permite convertir un documento en soporte papel o en otro soporte no electrónico en un fichero electrónico que contiene la imagen codificada, fiel e íntegra del documento, se conoce en la LPACAP como:

a) Automatización.

b) Fotocopiado.

c) Autenticación.

d) Digitalización.

8. En relación al funcionamiento del registro electrónico, es cierto que:

a) Permitirá la presentación de documentos todos los días hábiles del año durante la jornada laboral de su personal.

b) El inicio del cómputo de los plazos que hayan de cumplir las Administraciones Públicas vendrá determinado por la fecha y hora de presentación en el registro electrónico de cada Administración u Organismo.

c) Los documentos se considerarán presentados por el orden de hora efectiva en el que fueron aceptados por el funcionario habilitado al efecto.

d) El registro electrónico de cualquier Administración u Organismo se regirá a efectos de cómputo de los plazos, por la fecha y hora oficial indicada por el Central European Time.

9. Qué calendario de días inhábiles se aplicará en los registros electrónicos a efectos del cómputo de plazos:

a) El que se publique al efecto en el Boletín Oficial del Estado para todos los registros.

b) El que se publique al efecto en el boletín oficial de la Comunidad Autónoma para todos los registros ubicados en ella.

c) El que determine la sede electrónica del registro de cada Administración Pública u Organismo.

d) El que determine la sede electrónica del ayuntamiento en cuyo municipio se ubique el registro.

10. A efectos del cómputo de plazo fijado en días hábiles o naturales, y en lo que se refiere a cumplimiento de plazos por los interesados, la presentación en un registro electrónico de una solicitud en un día inhábil:

a) Se entenderá efectuada en ese mismo momento, puesto que el registro electrónico no tiene días inhábiles.

b) Se entenderá realizada en la primera hora del primer día hábil siguiente, salvo que una norma permita expresamente la recepción en día inhábil.

c) Se entenderá realizada en la misma hora que se ha efectuado, pero del primer día hábil siguiente.

d) No tiene validez.

11. Señalar la opción incorrecta. En todo caso, las disposiciones de creación de registros electrónicos especificarán:

a) El órgano o unidad responsable de su gestión.

b) La fecha y hora oficial.

c) Los días declarados como inhábiles.

d) Los medios electrónicos permitidos.

12. Cuando los interesados se correspondan con colectivos de personas físicas que por razón de su capacidad económica o técnica, dedicación profesional u otros motivos acreditados tengan garantizado el acceso y disponibilidad de los medios tecnológicos precisos:

a) Estarán obligados a utilizar siempre medios electrónicos para comunicarse con la Administración.

b) Podrán elegir el medio con el que comunicarse con la Administración.

c) Las Administraciones Públicas podrán establecer reglamentariamente la obligatoriedad de comunicarse con ellas utilizando sólo medios electrónicos.

d) Tendrán las mismas obligaciones que cualquier persona física en su relación con la Administración.

13. El acceso por el interesado, debidamente identificado, al contenido de la actuación administrativa correspondiente a través de la sede electrónica del órgano u organismo público actuante:

a) Es una manera válida de notificar, por comparecencia electrónica.

b) No es un medio de notificación autorizado reglamentariamente.

c) Tendrá efectos de notificación si el interesado manifiesta expresamente su consentimiento.

d) Siempre se entenderá como practicada la notificación, aunque no quede constancia de dicho acceso.

14. Para que la comparecencia electrónica del interesado produzca los efectos de notificación, se requerirá que:

a) Una vez producido el acceso a la notificación visualice un aviso del carácter de notificación de la actuación administrativa que tendrá dicho acceso.

b) El interesado firme electrónicamente y previamente su consentimiento.

c) El sistema de información correspondiente deje constancia de dicho acceso con indicación de fecha y hora.

d) La comparecencia electrónica no es forma de practicar una notificación.

15. A menos que su naturaleza exija otra forma más adecuada de expresión y constancia, los actos administrativos se producirán:

a) Por escrito a través de medios electrónicos.

b) Oralmente.

c) Por escrito en papel.

d) Oralmente a través de medios electrónicos.

16. En relación a las notificaciones, no es cierto que:

a) Deban contener el texto íntegro de la resolución.

b) Se practicarán preferentemente por medios electrónicos.

c) Las que contengan medios de pago a favor de los obligados deberán efectuarse por medios electrónicos.

d) En los procedimientos iniciados a solicitud del interesado, la notificación se practicará por el medio señalado al efecto por el interesado.

17. Cuando la notificación por medios electrónicos sea de carácter obligatorio, o haya sido expresamente elegida por el interesado, se entenderá rechazada cuando hayan transcurrido desde la puesta a disposición de la notificación sin que se acceda a su contenido:

a) 7 días naturales.
b) 10 días naturales.
c) 15 días naturales.
d) 20 días naturales.

18. Las notificaciones por medios electrónicos se entenderán practicadas:

a) En el momento de su emisión.
b) En el momento en que se produzca el acceso a su contenido.
c) En el momento que el interesado acredite su recepción.
d) En el plazo de 10 días naturales desde su puesta a disposición del interesado.

19. Señalar la opción incorrecta. Las aplicaciones y sistemas de información utilizados para la instrucción por medios electrónicos de los procedimientos deberán:

a) Evitar la simplificación y la publicidad de los documentos.
b) Garantizar el control de los tiempos y plazos.
c) Garantizar la tramitación ordenada de los expedientes.
d) Garantizar la identificación de los órganos responsables de los procedimientos.

20. Según el artículo 21.4 de la Ley 39/2015 (LPACAP), las Administraciones Públicas deben publicar y mantener actualizadas en el portal web, a efectos informativos, las relaciones de procedimientos de su competencia, con indicación de los plazos máximos de duración de los mismos, así como de:

a) Los órganos que los tramitan.
b) Los efectos que produzca el silencio administrativo.
c) Los modelos de petición de información.
d) Los requisitos para la iniciación de los procedimientos a instancia de los interesados.

21. Cuando en virtud de una norma sea preciso remitir el expediente electrónico, se enviará completo, foliado, autentificado y acompañado de:

a) La información auxiliar o de apoyo.
b) La norma que lo sustenta.
c) Un recibo del Registro General.
d) Un índice de los documentos que contenga.

22. Conforme al artículo 155.1 de la Ley 40/2015, de 1 de octubre, de Régimen Jurídico del Sector Público, cada Administración deberá facilitar el acceso de las restantes Administraciones Públicas a los datos relativos a los interesados que obren en su poder, especificando las condiciones, protocolos y criterios funcionales o técnicos necesarios para acceder a dichos datos con las máximas garantías de seguridad, integridad y:

a) Disponibilidad.
b) Reutilización.
c) Compatibilidad.
d) Trazabilidad.

23. No es cierto, conforme al artículo 70.3 de la LPACAP, que, cuando en virtud de una norma sea preciso remitir el expediente electrónico, se enviará:

a) Por partes.
b) Foliado.
c) Autentificado.
d) Acompañado de un índice de los documentos que contenga.

24. Se define en el artículo 39 de la LRJSP como el punto de acceso electrónico cuya titularidad corresponda a una Administración Pública, organismo público o entidad de Derecho Público que permite el acceso a través de internet a la información publicada y, en su caso, a la sede electrónica correspondiente:

a) Portal de transparencia.
b) Plataforma oficial.
c) Portal web.
d) Portal de internet.

25. Según el artículo 41.1 de la LRJSP, se entiende por actuación administrativa automatizada:

a) Cualquier acto o actuación realizada íntegramente a través de medios electrónicos por una Administración Pública en el marco de un procedimiento administrativo y en la que no haya intervenido de forma directa un empleado público.
b) Cualquier acto o actuación realizada al menos en parte a través de medios electrónicos por una Administración Pública en el marco de un procedimiento administrativo y en la que no haya intervenido de forma directa un empleado público.
c) Cualquier acto o actuación realizada íntegramente a través de medios electrónicos por una Administración Pública en el marco de un procedimiento administrativo y en la que haya intervenido de forma directa un empleado público.
d) Cualquier acto o actuación realizada al menos en parte a través de medios electrónicos por una Administración Pública en el marco de un procedimiento administrativo y en la que haya intervenido de forma directa un empleado público.

26. En relación con la firma electrónica del personal al servicio de las Administraciones Públicas, es cierto que:

a) En ningún caso, los sistemas de firma electrónica podrán referirse solo el número de identificación profesional del empleado público.

b) La actuación de una Administración Pública, órgano, organismo público o entidad de derecho público, cuando utilice medios electrónicos, se realizará mediante firma electrónica del titular del órgano o empleado público.

c) Cada Administración Pública determinará los sistemas de firma electrónica que debe utilizar su personal, los cuales deberán identificar de forma separada al titular del puesto de trabajo o cargo y a la Administración u órgano en la que presta sus servicios.

d) Con el fin de favorecer la interoperabilidad y posibilitar la verificación automática de la firma electrónica de los documentos electrónicos, cuando una Administración utilice sistemas de firma electrónica distintos de aquellos basados en certificado electrónico reconocido o cualificado, para remitir o poner a disposición de otros órganos, organismos públicos, entidades de Derecho Público o Administraciones la documentación firmada electrónicamente, deberá superponer un sello electrónico basado en un certificado electrónico reconocido.

27. Según el artículo 11 del Real Decreto 203/2021, de 30 de marzo, por el que se aprueba el Reglamento de actuación y funcionamiento del sector público por medios electrónicos, NO es un contenido mínimo que toda sede electrónica ha de poner a disposición de las personas interesadas:

a) La normativa reguladora del Registro al que se acceda a través de la sede electrónica.

b) La relación de sistemas de identificación y firma electrónica que sean admitidos o utilizados en la misma.

c) La identificación del acto o disposición de creación y el acceso al mismo, directamente o mediante enlace a su publicación en el Boletín Oficial correspondiente.

d) Relación histórica de los servicios, procedimientos y trámites publicados.

28. En relación con el expediente administrativo, NO es cierto, conforme al artículo 70 de la LPACAP, que:

a) Deban tener formato electrónico.

b) Han de incluir la información que tenga carácter auxiliar o de apoyo.

c) En él ha de constar copia electrónica certificada de la resolución adoptada.

d) Ha de incluir un índice numerado de todos los documentos que contenga cuando se remita.

29. Según el artículo 38.3 de la LRJSP, cada Administración Pública determinará las condiciones e instrumentos de creación de las sedes electrónicas, con sujeción a varios principios, entre los que no figura el de:

a) Neutralidad.

b) Accesibilidad.

c) Coordinación.
d) Publicidad.

30. Conforme al artículo 9.2 de la LPACAP, los interesados podrán identificarse electrónicamente ante las Administraciones Públicas a través de cualquier sistema que cuente con un registro previo como usuario que permita garantizar su:

a) Identidad.
b) Motivación.
c) Consentimiento.
d) Ubicación.

31. Según el artículo 13.g) de la LPACAP, quienes tienen capacidad de obrar ante las Administraciones Públicas, son titulares, en sus relaciones con ellas, del derecho a la obtención y utilización de:

a) Cualquier medio de identificación y firma electrónica.
b) Los medios de identificación y firma electrónica que tenga a su alcance.
c) Los medios de identificación y firma electrónica contemplados en esta ley.
d) Los medios de identificación y firma electrónica, cuando así corresponda legalmente.

32. Según el artículo 14 de la LPACAP, NO están obligados a relacionarse electrónicamente con las Administraciones Públicas para la realización de cualquier trámite de un procedimiento administrativo:

a) Los empleados de las Administraciones Públicas en toda relación con estas.
b) Los notarios, en el ejercicio de su actividad profesional.
c) Los registradores mercantiles, en el ejercicio de su actividad profesional.
d) Las entidades sin personalidad jurídica.

33. ¿Pueden las Administraciones Públicas establecer la obligación de relacionarse con ellas a través de medios electrónicos a otros colectivos distintos de los que la LPACAP menciona expresamente en su artículo 14.2?

a) No, solo podrá obligarse a los mencionados en dicho artículo.
b) También están obligados los colectivos de personas físicas que por su capacidad económica tengan acceso a los medios electrónicos necesarios.
c) Sí, para determinados procedimientos, si así se recoge expresamente en una ley.
d) Sí, podrá obligarse reglamentariamente para determinados procedimientos y para ciertos colectivos de personas físicas que, por razón de su capacidad económica, técnica, dedicación profesional u otros motivos quede acreditado que tienen acceso y disponibilidad de los medios electrónicos necesarios.

34. Conforme al artículo 9 de la LPACAP (en redacción dada por la Ley 11/2022, de 28 de junio), los interesados podrán identificarse electrónicamente ante las Administraciones Públicas a través de cualquier sistema que las Administraciones públicas consideren válido en los términos y condiciones que se establezca, siempre que cuenten con un registro previo como usuario que permita garantizar su identidad y previa comunicación a la Secretaría General de Administración para la Transformación Digital y de la Función Pública. De forma previa a la eficacia jurídica del sistema, habrá de transcurrir desde dicha comunicación el siguiente plazo, durante el cual el órgano estatal competente por motivos de seguridad pública podrá acudir a la vía jurisdiccional, previo informe vinculante de la Secretaría de Estado de Seguridad:

a) 1 mes.
b) 2 meses.
c) 3 meses.
d) 6 meses.

35. El Reglamento (UE) 910/2014 la define como "aquella firma electrónica que cumple con los siguientes requisitos: estar vinculada al firmante de manera única; permitir la identificación del firmante; haber sido creada utilizando datos de creación de la firma electrónica que el firmante puede utilizar, con un alto nivel de confianza, bajo su control exclusivo; estar vinculada con los datos firmados por la misma de modo tal que cualquier modificación ulterior de los mismos sea detectable":

a) Firma electrónica reconocida.
b) Firma electrónica avanzada.
c) Firma electrónica certificada.
d) Firma electrónica cualificada.

36. Señala la palabra que falta, según el artículo 12.1 de la LPACAP. Las Administraciones Públicas deberán garantizar que los interesados pueden relacionarse con la Administración a través de medios electrónicos, para lo que pondrán a su disposición los ………….. de acceso que sean necesarios así como los sistemas y aplicaciones que en cada caso se determinen:

a) Portales.
b) Servidores.
c) Canales.
d) Códigos.

37. Una condición para que pueda realizarse válidamente la identificación o firma electrónica en el procedimiento administrativo del interesado por un funcionario público mediante el uso del sistema de firma electrónica del que esté dotado para ello, es que:

a) El interesado disponga de los medios electrónicos necesarios.
b) El interesado esté obligado a relacionarse con la Administración por medios electrónicos.

c) El interesado se identifique ante el funcionario y preste su consentimiento expreso para esta actuación.

d) El interesado sea una persona física o jurídica.

38. Conforme al artículo 2 del RD 203/2021, entenderemos el principio de accesibilidad como:

a) El conjunto de principios y técnicas que se deben respetar al diseñar, construir, mantener y actualizar los servicios electrónicos para garantizar la igualdad y la no discriminación en el acceso de las personas usuarias.

b) Determinar que el diseño de los servicios electrónicos esté centrado en las personas usuarias, de forma que se minimice el grado de conocimiento necesario para el uso del servicio.

c) La capacidad de los sistemas de información y, por ende, de los procedimientos a los que éstos dan soporte, de compartir datos y posibilitar el intercambio de información entre ellos.

d) La capacidad de las Administraciones Públicas para que, partiendo del conocimiento adquirido del usuario final del servicio, proporcione servicios precumplimentados y se anticipe a las posibles necesidades de los mismos.

39. Procedimiento de verificación de la identidad digital de un sujeto en sus interacciones en el ámbito digital:

a) Identificación.

b) Autenticación.

c) Certificación.

d) Cualificación.

40. Cuál de los siguientes NO es un requisito de un sello cualificado de tiempo electrónico:

a) Se basa en una fuente de información temporal vinculada al Tiempo Universal Coordinado.

b) Ha sido firmado mediante el uso de una firma electrónica avanzada o sellada con un sello electrónico avanzado del prestador cualificado de servicios de confianza o por cualquier método equivalente.

c) Vinculación de la fecha y hora con los datos de forma que se elimine razonablemente la posibilidad de modificar los datos sin que se detecte.

d) Protección de los datos transmitidos frente a los riesgos de pérdida, robo, deterioro o alteración no autorizada.

41. Qué principio enunciado en el RD 203/2021, determina que el diseño de los servicios electrónicos esté centrado en las personas usuarias, de forma que se minimice el grado de conocimiento necesario para el uso del servicio:

a) Principio de adaptabilidad al progreso.

b) Principio de accesibilidad.

c) Principio de facilidad de uso.

d) Principio de interoperabilidad.

42. Si existe la obligación del interesado de relacionarse a través de medios electrónicos y aquel no los hubiese utilizado, el órgano administrativo competente en el ámbito de actuación requerirá la correspondiente subsanación, advirtiendo al interesado, o en su caso su representante, que, se le tendrá por desistido de su solicitud o se le podrá declarar decaído en su derecho al trámite correspondiente, previa resolución que deberá ser dictada en los términos previstos en el artículo 21 de la LPACAP, de no ser atendido el requerimiento en el plazo de:

a) 10 días.
b) 15 días.
c) 20 días.
d) Un mes.

43. En relación a las sedes electrónicas, es cierto que:

a) La sede electrónica asociada tendrá consideración de sede electrónica a todos los efectos.
b) El acto o resolución de creación o supresión de una sede electrónica o sede electrónica asociada será publicado en el boletín oficial del Estado.
c) El titular de la sede electrónica y, en su caso, de la sede electrónica asociada, no será responsable de la integridad, veracidad y actualización de la información a la que pueda accederse a través de la misma.
d) Solo podrá crearse una sede electrónica asociada por cada sede electrónica.

44. La actuación de una Administración Pública, órgano, organismo público o entidad de derecho público, cuando utilice medios electrónicos, se realizará mediante firma electrónica del titular del órgano o empleado público a través del que se ejerza la competencia. A este respecto, es cierto que:

a) Cada Administración Pública determinará los sistemas de firma electrónica que debe utilizar su personal, los cuales habrán de identificar de forma conjunta al titular del puesto de trabajo o cargo y a la Administración u órgano en la que presta sus servicios.
b) Los sistemas de firma electrónica podrán referirse sólo el número de identificación profesional del empleado público.
c) Los certificados electrónicos de empleado público serán cualificados y se ajustarán a lo señalado en el Esquema Nacional de Interoperabilidad y la legislación vigente en materia de identidad y firma electrónica.
d) En ningún caso se podrá solicitar la revelación de la identidad del titular de un certificado de empleado público con número de identificación profesional.

45. Servicio de la administración electrónica que permite a la ciudadanía tener acceso a la información de carácter personal en poder de las Administraciones Públicas, así como sobre los procedimientos en los que tenga condición de persona interesada:

a) Punto de acceso general electrónico.
b) Portal de internet.

c) Sede electrónica.
d) Carpeta ciudadana.

46. Cuando una sede electrónica o sede electrónica asociada contenga procedimientos, servicios o ambos, cuya competencia corresponda a otro órgano administrativo, organismo público o entidad de derecho público vinculado o dependiente, ¿quién será responsable de la integridad, veracidad y actualización de los mismos?:

a) El titular de la competencia, siempre que dicho órgano, organismo o entidad pertenezca a la misma Administración.
b) El titular de la sede electrónica o sede electrónica asociada, siempre que dicho órgano, organismo o entidad pertenezca a la misma Administración.
c) El titular de la competencia, sea de la misma o de diferente Administración.
d) El titular de la sede electrónica o sede electrónica asociada, sea de la misma o de diferente Administración.

47. Conforme al artículo 7.3 del Real Decreto 203/2021, para poder acceder a todas las sedes electrónicas y sedes asociadas de la Administración Pública correspondiente, el Punto de Acceso General electrónico dispondrá de:

a) Una sede electrónica.
b) Un área personalizada.
c) Un portal de internet.
d) Un Punto de Acceso Específico electrónico.

48. Según el artículo 53.1.h) de la Ley 39/2015, de 1 de octubre, del Procedimiento Administrativo Común de las Administraciones Públicas (LPACAP), para cumplir con las obligaciones de pago, los interesados en un procedimiento administrativo:

a) Tienen el deber de cumplir las obligaciones de pago a través de los medios electrónicos previstos en el artículo 98.2 de la LPACAP.
b) Efectuarán el pago, preferentemente, salvo que se justifique la imposibilidad de hacerlo, utilizando la domiciliación bancaria.
c) Efectuarán el pago, salvo que se justifique la imposibilidad de hacerlo, de forma presencial.
d) Tienen derecho a cumplir las obligaciones de pago a través de los medios electrónicos previstos en el artículo 98.2 de la LPACAP.

49. Según el artículo 5 de la Ordenanza de Administración Electrónica del Concello de Vigo, la ciudadanía tiene derecho a:

a) Participar en procesos electorales únicamente.
b) Realizar trámites administrativos exclusivamente en formato físico.
c) Obtener información y ejercer derechos reconocidos con total validez en procedimientos electrónicos.
d) Actuar sin identificarse en procedimientos administrativos electrónicos.

50. ¿Qué obligación tiene la ciudadanía respecto a los elementos identificadores utilizados en relaciones electrónicas con el Concello?

a) Compartirlos libremente con terceros para facilitar el trámite.

b) Custodiarlos de forma segura, ya que son personales e intransferibles.

c) Destruirlos tras cada uso para evitar problemas legales.

d) Utilizarlos únicamente en trámites presenciales.

Solución al test n.º 6

1. a) Sede electrónica.

2. a) La firma electrónica.

3. d) Todos los días del año durante las 24 horas.

4. d) El medio elegido por la persona para comunicarse con las Administraciones Públicas no puede ser modificado a lo largo del procedimiento.

5. b) Todo aquel que ostente la representación de un interesado.

6. b) La caducidad del registro.

7. d) Digitalización.

8. b) El inicio del cómputo de los plazos que hayan de cumplir las Administraciones Públicas vendrá determinado por la fecha y hora de presentación en el registro electrónico de cada Administración u Organismo.

9. c) El que determine la sede electrónica del registro de cada Administración Pública u Organismo.

10. b) Se entenderá realizada en la primera hora del primer día hábil siguiente, salvo que una norma permita expresamente la recepción en día inhábil.

11. d) Los medios electrónicos permitidos.

12. c) Las Administraciones Públicas podrán establecer reglamentariamente la obligatoriedad de comunicarse con ellas utilizando sólo medios electrónicos.

13. a) Es una manera válida de notificar, por comparecencia electrónica.

14. c) El sistema de información correspondiente deje constancia de dicho acceso con indicación de fecha y hora.

15. a) Por escrito a través de medios electrónicos.

16. c) Las que contengan medios de pago a favor de los obligados deberán efectuarse por medios electrónicos.

17. b) 10 días naturales.

18. b) En el momento en que se produzca el acceso a su contenido.

19. a) Evitar la simplificación y la publicidad de los documentos.

20. b) Los efectos que produzca el silencio administrativo.

21. d) Un índice de los documentos que contenga.

22. a) Disponibilidad.

23. a) Por partes.

24. d) Portal de internet.

25. a) Cualquier acto o actuación realizada íntegramente a través de medios electrónicos por una Administración Pública en el marco de un procedimiento administrativo y en la que no haya intervenido de forma directa un empleado público.

26. b) La actuación de una Administración Pública, órgano, organismo público o entidad de derecho público, cuando utilice medios electrónicos, se realizará mediante firma electrónica del titular del órgano o empleado público.

27. d) Relación histórica de los servicios, procedimientos y trámites publicados.

28. b) Han de incluir la información que tenga carácter auxiliar o de apoyo.

29. c) Coordinación.

30. a) Identidad.

31. c) Los medios de identificación y firma electrónica contemplados en esta ley.

32. a) Los empleados de las Administraciones Públicas en toda relación con estas.

33. d) Sí, podrá obligarse reglamentariamente para determinados procedimientos y para ciertos colectivos de personas físicas que, por razón de su capacidad económica, técnica, dedicación profesional u otros motivos quede acreditado que tienen acceso y disponibilidad de los medios electrónicos necesarios.

34. b) 2 meses.

35. b) Firma electrónica avanzada.

36. c) Canales.

37. c) El interesado se identifique ante el funcionario y preste su consentimiento expreso para esta actuación.

38. a) El conjunto de principios y técnicas que se deben respetar al diseñar, construir, mantener y actualizar los servicios electrónicos para garantizar la igualdad y la no discriminación en el acceso de las personas usuarias.

39. b) Autenticación.

40. d) Protección de los datos transmitidos frente a los riesgos de pérdida, robo, deterioro o alteración no autorizada.

41. c) Principio de facilidad de uso.

42. a) 10 días.

43. a) La sede electrónica asociada tendrá consideración de sede electrónica a todos los efectos.

44. c) Los certificados electrónicos de empleado público serán cualificados y se ajustarán a lo señalado en el Esquema Nacional de Interoperabilidad y la legislación vigente en materia de identidad y firma electrónica.

45. d) Carpeta ciudadana.

46. c) El titular de la competencia, sea de la misma o de diferente Administración.

47. a) Una sede electrónica.

48. d) Tienen derecho a cumplir las obligaciones de pago a través de los medios electrónicos previstos en el artículo 98.2 de la LPACAP.

49. c) Obtener información y ejercer derechos reconocidos con total validez en procedimientos electrónicos.

50. b) Custodiarlos de forma segura, ya que son personales e intransferibles.

TEST N.º 7

Control de accesos. Custodia y control de llaves. Apertura y cierre de edificios y locales. Preparación de reuniones. Régimen de precedencia y tratamientos honoríficos

1. La medida preventiva de seguridad que consiste en la supervisión y regulación del tránsito de personas, vehículos y objetos a través de una o varias zonas de un edificio público, se llama:

a) Apertura de instalaciones.
b) Control de accesos.
c) Acreditación de visitantes.
d) Identificación automática.

2. El principal objetivo del control de accesos es:

a) Obtener información de cuántas personas acceden al edificio diariamente.
b) La información al ciudadano sobre el lugar al que se ha de dirigir.
c) Minimizar o descartar riesgos de seguridad derivados de entradas y salidas no autorizadas.
d) Favorecer el uso de la administración electrónica.

3. La norma UNE-EN 60839:2014 cataloga los sistemas de control de accesos de grado 3 como:

a) Alto riesgo.
b) Bajo riesgo.
c) Riesgo entre bajo y medio.
d) Riesgo entre medio y alto.

4. Cuando se exige algún tipo de credencial para acceder al interior de un edificio, la forma de control de accesos será:

a) Regulación del tránsito.
b) Recepción de personas visitantes y usuarios.
c) Registro de movimientos.
d) Apertura de puertas.

5. ¿Cuál de los siguientes es un sistema de credencial material?

a) La huella digital.
b) La cerradura de combinación.
c) El iris de los ojos.
d) La tarjeta de control.

6. ¿Cuál de los siguientes es un sistema credencial de conocimientos?

a) La voz.
b) Los emisores de radiofrecuencia.
c) La cerradura de combinación.
d) La llave magnética.

7. De entre los siguientes sistemas de credenciales, señala cuál es de conocimiento:

a) Emisor de infrarrojos.
b) Tarjeta holográfica.
c) Teclado digital.
d) Geometría de la mano.

8. ¿Cuál de los siguientes es un sistema de credencial personal?

a) Rasgos faciales.
b) Escritura.
c) Emisor de ultrasonido.
d) Llave mecánica.

9. De los siguientes términos, ¿cuál define a los elementos tipo portillos motorizados o pasillos automatizados que se colocan en los puntos de acceso que se utilizan como entrada a los edificios para canalizar la entrada por los lugares indicados y restringir el paso para que solo sea utilizado por personas autorizadas?

a) Alarmas.
b) Tornos.
c) Conserjería.
d) Garitas.

10. De las siguientes opciones, señala la incorrecta en relación al control de accesos de objetos:

a) Los encargados del control de entrada y salida podrán comprobar, cuando así se les encomiende, el contenido de los bultos o paquetes sospechosos que el personal o los usuarios del servicio entren o saquen de los locales.
b) Deben declararse a la entrada los objetos que a la salida pudieran dar lugar a dudas sobre la licitud de su tenencia.

c) No se permitirá la salida de ningún objeto o material de servicio que no haya sido declarado a la entrada, aunque tenga autorización.

d) Cuando por obras, u otra causa, alguna dependencia precise dar salida a un considerable volumen de objetos o material, deberá participarlo al personal de control de entrada y salida para su debido control.

11. El arco detector de metales no es válido para detectar:

a) Herramientas.
b) Drogas.
c) Artefactos explosivos.
d) Armas.

12. El sistema de control de acceso de vehículos puede utilizarse en zonas de aparcamiento exclusivas del organismo y, generalmente, con capacidad para al menos:

a) 10 vehículos.
b) 30 vehículos.
c) 50 vehículos.
d) 100 vehículos.

13. A la hora de distinguir los rasgos más importantes para describir a una persona, se considera una característica especial:

a) La edad.
b) La raza.
c) La forma de la cara.
d) El sexo.

14. No forma parte de la función de apertura de edificios:

a) Gestionar el servicio de guardarropas.
b) Inspeccionar visualmente los elementos estructurales de acceso exteriores.
c) Desconectar el sistema de alarma.
d) Encender las luces principales del edificio.

15. No es cierto que la ronda de seguridad:

a) Incluya verificar el estado general de las instalaciones en materia de seguridad.
b) Se puede realizar en cualquier momento de la jornada.
c) Se realice recorriendo planta a planta, inspeccionando y asegurando cada una de ellas.
d) Incluya comprobar el correcto funcionamiento de los equipos y sistemas de detección y alarma.

16. Las áreas sensibles de un edificio de un organismo público son aquellas zonas, salas o despachos que, por circunstancias concretas, requieran de una atención de seguridad específica. Se consideran como tales:

a) Las plantas más altas del edificio.
b) Las áreas administrativas.
c) Los salones de actos.
d) Las salas de cuartos de máquinas e instalaciones.

17. Señala, de las siguientes, cuál es la opción incorrecta en relación con la inspección de los despachos de dirección y altos cargos:

a) La inspección se realizará todos los días a partir de la finalización del horario laboral normalizado, cuando la dirección o alto cargo y su secretaria o secretario hayan abandonado el edificio.
b) Se comprobará que el despacho esté cerrado; en el caso de que esté abierto, se comprobará la presencia e identidad de quien permanezca en su interior.
c) Si hubiera alguien en el interior, a la salida se cerrarán las puertas y se registrará el hecho como incidencia en el libro oficial de incidencias o aplicación informática correspondiente.
d) Aunque las puertas de los despachos estén cerradas o no se detecten irregularidades desde el exterior, durante la inspección de la ronda de seguridad se deberá entrar para cerciorarse de que todo está correcto en el interior.

18. La puesta en marcha de instalaciones por parte del personal subalterno comprende la puesta a punto y en servicio de… (Señala la opción incorrecta):

a) La calefacción o refrigeración de la sala.
b) Los ordenadores de los distintos puestos administrativos.
c) Los sistemas de ventilación exterior y/o interior.
d) La iluminación artificial y/o natural.

19. Son elementos de las instalaciones de climatización:

a) Los equipos de alumbrado de emergencia.
b) Los sistemas de prevención de sobretensiones y protección con pararrayos.
c) Las motobombas.
d) Los sistemas de abastecimiento de agua contra incendios.

20. Señala la opción correcta relacionada con la función de custodia y control de llaves:

a) La custodia y control de llaves de cualquier edificio de un organismo público es responsabilidad del personal subalterno.
b) Las llaves son para uso exclusivo del personal subalterno, no pudiendo cederse temporalmente bajo ningún concepto a otras personas del centro o ajenas al mismo.

c) Cualquier persona del centro podrá solicitar el uso y disfrute de copias de las llaves de las dependencias en las que trabaje.

d) El subalterno encargado de la custodia y control de llaves del edificio registrará en el libro oficial de registro o aplicación informática los movimientos de llaves, entrega y recogida solicitadas por personal laboral y contratas externas autorizadas por la administración del edificio.

21. Ordenan al Subalterno que prepare la sala de reuniones, ¿qué factor no tiene por qué tener en cuenta en relación con el local?

a) La acústica.
b) La calefacción.
c) La iluminación.
d) El estilo del mobiliario.

22. Señalar la opción incorrecta. En cuanto a la relación con los materiales, el Subalterno tendrá en cuenta:

a) Sillas cómodas y en cantidad suficiente.
b) Reloj que el público puede visualizar.
c) Fotocopiadora lo más alejada posible para evitar interferencias.
d) Hojas blancas o cuadernos para notas.

23. Tenemos distintas posibilidades de disponer el auditorio en función del tipo de reunión. Si encomiendan al Subalterno que organice la sala presentando un grupo que facilite el contacto visual y promueve la interacción, colocará el auditorio:

a) Tipo sala de juntas.
b) Tipo herradura.
c) Tipo conferencia.
d) Tipo cabaret.

24. Para trabajar con grupos pequeños de forma informal, la sala se dispondrá en forma:

a) Mesa redonda.
b) Teatro.
c) Cabaret.
d) Herradura.

25. Una ventaja de las pizarras es que:

a) Son baratas y fáciles de mantener.
b) Con el tiempo no pierden el brillo.
c) Son muy adecuadas para la utilización de retroproyectores.
d) Al usarlas con tiza no producen manchas.

26. Cuando en una reunión se quieren usar transparencias, ¿qué aparato prepara el Subalterno?

a) Pizarra.
b) Vídeo.
c) Aparato proyector.
d) Cartelógrafos.

27. Las reuniones que se estructuran a partir de intereses o necesidades de la organización, se llaman:

a) Reuniones ordinarias.
b) Reuniones formales.
c) Reuniones internas.
d) Reuniones de información.

28. Los eventos organizados como congresos suelen constar de tres partes; señalar la opción incorrecta:

a) Debate.
b) Conclusiones.
c) Taller.
d) Ponencias.

29. ¿En cuál de los siguientes tipos de eventos todos los participantes tienen el derecho y, en ocasiones, también la obligación de participar?

a) Seminario.
b) Simposio.
c) Conferencia.
d) Plenario.

30. En un Simposio:

a) No se realiza exposición de ideas sino que se trata más bien de una charla sobre un tema propuesto.
b) Los expositores no defienden sus posiciones sino que aportan información y conocimientos de aquello en lo que son expertos.
c) Se discute grupal e informalmente sobre un tema determinado.
d) Uno o varios especialistas exponen un tema, para seguidamente iniciar una discusión moderada por un coordinador.

Solución al test n.º 7

1. b) Control de accesos.

2. c) Minimizar o descartar riesgos de seguridad derivados de entradas y salidas no autorizadas.

3. d) Riesgo entre medio y alto.

4. a) Regulación del tránsito.

5. d) La tarjeta de control.

6. c) La cerradura de combinación.

7. c) Teclado digital.

8. a) Rasgos faciales.

9. b) Tornos.

10. c) No se permitirá la salida de ningún objeto o material de servicio que no haya sido declarado a la entrada, aunque tenga autorización.

11. b) Drogas.

12. a) 10 vehículos.

13. c) La forma de la cara.

14. a) Gestionar el servicio de guardarropas.

15. b) Se puede realizar en cualquier momento de la jornada.

16. d) Las salas de cuartos de máquinas e instalaciones.

17. d) Aunque las puertas de los despachos estén cerradas o no se detecten irregularidades desde el exterior, durante la inspección de la ronda de seguridad se deberá entrar para cerciorarse de que todo está correcto en el interior.

18. b) Los ordenadores de los distintos puestos administrativos.

19. c) Las motobombas.

20. d) El subalterno encargado de la custodia y control de llaves del edificio registrará en el libro oficial de registro o aplicación informática los movimientos de llaves, entrega y recogida solicitadas por personal laboral y contratas externas autorizadas por la administración del edificio.

21. d) El estilo del mobiliario.

22. c) Fotocopiadora lo más alejada posible para evitar interferencias.

23. b) Tipo herradura.

24. c) Cabaret.

25. a) Son baratas y fáciles de mantener.

26. c) Aparato proyector.

27. b) Reuniones formales.

28. c) Taller.

29. d) Plenario.

30. b) Los expositores no defienden sus posiciones sino que aportan información y conocimientos de aquello en lo que son expertos.

TEST N.º 8

Manejo y mantenimiento de fotocopiadoras, encuadernadoras, destructoras de documentos y máquinas similares. Distribución de documentos, objetos y correspondencia. Recados y mensajes. Servicios postales. Tipos de envíos

1. Para horadar o perforar hojas con objeto de introducirlas en archivadores AZ, utilizaremos:

a) La ensobradora.
b) La guillotina.
c) La taladradora.
d) La cizalla.

2. ¿Qué tipo de escáner se utiliza para escanear elementos frágiles?

a) De rodillo.
b) De tambor.
c) De cama plana.
d) Cenital.

3. Son máquinas reproductoras:

a) Las guillotinadoras.
b) Las encuadernadoras.
c) Los escáneres.
d) Las plastificadoras.

4. Las fotocopiadoras electroestáticas se caracterizan porque:

a) Usan papel normal.
b) El documento original es barrido por un rayo de luz intensa que proyecta la imagen sobre un tambor por donde se distribuye el tóner, que adhiriéndose a la zona donde hay imagen, reproduce el original.

c) La imagen se transfiere al papel que, al calentarse, fija el pigmento sobre la copia.

d) La imagen a reproducir se proyecta directamente sobre el papel especial cuya superficie queda sensibilizada con cargas eléctricas.

5. En la fase de calentamiento de la fotocopiadora, ¿pueden realizarse copias?

a) Únicamente en las fotocopiadoras profesionales.

b) Sí.

c) No.

d) A veces se pueden realizar en las fotocopiadoras personales.

6. El fax funciona a través de:

a) La línea eléctrica.

b) La línea telefónica.

c) El módem.

d) Ondas de radio.

7. Si vamos a realizar fotocopias sin servirnos del alimentador recirculante de originales, ¿cómo dejaremos la cubierta superior de la máquina?

a) Preferiblemente abierta.

b) Cerrada.

c) Necesariamente abierta.

d) Si la cubierta superior no está cerrada, la máquina no funciona.

8. ¿Qué máquinas hacen al papel inservible e ilegible?

a) Las máquinas destructoras.

b) Las máquinas fresadoras.

c) Las taladradoras.

d) Las cizallas.

9. De las siguientes, es una impresora de impacto:

a) La impresora láser.

b) La impresora multifunción.

c) La impresora de inyección de tinta.

d) La impresora de margarita.

10. Las encuadernadoras:

a) Son máquinas capaces de obtener una copia exacta de un documento original mediante un proceso electrostático.

b) Son máquinas cuya función es la destrucción de papel, de forma que quede absolutamente inservible e ilegible.

c) Se utilizan para ordenar y presentar adecuadamente los documentos, clasificándolos e incorporándoles portadas.

d) Se utilizan para plastificar documentos, con objeto de preservarlos de manchas o del deterioro.

11. La plancha tipográfica en la que se ha reproducido una composición o un grabado para su posterior impresión, se llama:

a) Tóner.
b) Reset.
c) Starter.
d) Cliché.

12. El tóner es:

a) La "tinta" de la fotocopiadora.
b) El alimentador de la fotocopiadora.
c) El sistema de transporte de la fotocopiadora.
d) El tono de impresión requerido para una copia.

13. El "canutillo" es un tipo de:

a) Grapado.
b) Encuadernado.
c) Plastificado.
d) Franqueado.

14. Los escáneres de las fotocopiadoras son del tipo:

a) Escáneres de rodillo.
b) Escáneres de mano.
c) Escáneres cenitales.
d) Escáneres de cama plana.

15. ¿Qué impresora contiene una esfera con varios caracteres que gira hasta posicionar el carácter pretendido en frente de un pequeño martillo?

a) Impresora de margarita.
b) Impresora de agujas.
c) Impresora láser.
d) Impresora de línea.

16. ¿Qué tres colores utilizan las impresoras para hacer copias a color?

a) Negro, amarillo y cián.
b) Amarillo, cián y magenta.
c) Negro, cián y magenta.
d) Negro, blanco y magenta.

17. ¿Cuál de los siguientes envíos postales se considera también un envío de correspondencia?

a) Libros.
b) Tarjetas postales.
c) Catálogos.
d) Diarios y publicaciones periódicas.

18. Los envíos postales, en tanto no lleguen a poder del destinatario:

a) Son propiedad del servicio postal.
b) Son propiedad del destinatario una vez depositados por el remitente.
c) Son propiedad del remitente.
d) Carecen de propietario.

19. Cualquier servicio consistente en la recogida, la admisión, la clasificación, el transporte, la distribución y la entrega de envíos postales, es:

a) Un servicio postal.
b) Un servicio universal.
c) Un servicio postal universal.
d) Un servicio estándar de correspondencia.

20. Se incluye en el ámbito del servicio postal universal las actividades de recogida, admisión, clasificación, transporte, distribución y entrega de cartas y tarjetas postales que contengan comunicaciones escritas en cualquier tipo de soporte:

a) Sin excepción.
b) De hasta 2 kg de peso.
c) De entre 100 y 1000 gramos.
d) De hasta 10 kg de peso.

21. ¿Quién tiene la condición de operador designado por el Estado para prestar el servicio postal universal?

a) La Sociedad Estatal Correos y Telégrafos, Sociedad Anónima.
b) Cualquier operador postal con base en territorio español que lo solicite.
c) Las reglas de la competencia impiden que el Estado pueda designar un operador.
d) Correos y Telégrafos es el operador prestador del servicio postal universal por derecho propio, no por designación.

22. ¿Qué artículo de la Constitución garantiza el secreto de las comunicaciones y, en especial, de las postales, telegráficas y telefónicas?

a) El artículo 16.
b) El artículo 19.

c) El artículo 14.
d) El artículo 18.

23. Los envíos postales son:

a) Personales.
b) Cerrados.
c) Inviolables.
d) Normalizados.

24. ¿Cuál de estas condiciones no es propia de una carta?

a) Carácter actual.
b) Envío cerrado.
c) Comunicación materializada en forma escrita sobre soporte físico de cualquier naturaleza.
d) Contenido conocido.

25. ¿Cuál de estas condiciones no es propia de una tarjeta postal?

a) Pieza rectangular de cartulina consistente o material similar.
b) Que circule en sobre abierto.
c) Que circule al descubierto.
d) Que contenga un mensaje de carácter actual y personal.

26. Señalar la opción incorrecta:

a) La indicación del término de "*tarjeta postal*" en los envíos individuales no implica esta clasificación postal a menos que tenga carácter actual y personal.
b) Los envíos de recibos, facturas, documentos de negocios, estados financieros y cualesquiera otros mensajes que no sean idénticos, tienen la consideración de cartas.
c) Se entiende por envío postal el envío con destinatario, preparado en la forma definitiva en la que deba ser transportado por el operador del servicio postal universal.
d) No podrán constituir paquetes postales los lotes o agrupaciones de las cartas o cualquier otra clase de correspondencia actual y personal.

27. ¿Cuál de estas características no es propia de los envíos de publicidad directa?

a) Que su distribución se efectúe en sobre cerrado.
b) Que esté formado por cualquier comunicación que consista únicamente en anuncios, o material publicitario o de marketing.
c) Que en su cubierta figure la expresión "*P. D.*" a efectos de facilitar la identificación de estos envíos.
d) Que se remita a una pluralidad de destinatarios.

28. Señalar la opción correcta:

a) Para que un envío pueda considerarse catálogo ha de remitirse a más de 200 destinatarios.
b) El material fonográfico y videográfico tendrá el mismo tratamiento que los libros.
c) La distribución de catálogos se hará en sobre cerrado a diferencia de los envíos de publicidad directa.
d) Para que un envío se considere "*libro*" ha de tratarse de publicaciones encuadernadas.

29. Los envíos postales con naturaleza de carta, dirigidos a personas fallecidas:

a) Serán destruidos en presencia de notario y del representante legal de los herederos.
b) Serán entregados a sus herederos o a aquellos que tengan la administración de la herencia.
c) Quedarán depositados en la oficina de destino, desde la que, si es posible, se enviará consulta al remitente para que este autorice su entrega a los herederos u opte por su recuperación.
d) Se devolverán con carácter ordinario al remitente.

30. Señala la opción incorrecta. Según el Título II de la Ley 43/2010, de 30 de diciembre, del servicio postal universal, son derechos de los usuarios y del mercado postal los siguientes:

a) Secreto de las comunidades postales.
b) Protección de datos.
c) Detención arbitraria.
d) Inviolabilidad de los envíos postales.

31. No es un medio de pago alternativo a los sistemas de franqueo:

a) El franqueo de pago diferido.
b) El franqueo en destino.
c) Las impresiones de máquinas de franquear.
d) El franqueo con impresora láser.

32. El reparto de los envíos en la dirección postal en ellos consignada, constituye:

a) La entrega.
b) El depósito.
c) La distribución.
d) El curso y transporte.

33. El destinatario o la persona autorizada podrá rehusar una carta en el momento de la entrega:

a) Antes de leerla, una vez abierta.
b) Antes de abrirla.

c) Después de leerla, si el envoltorio lo permite.
d) Las cartas no son rehusables.

34. La recepción por parte del operador postal de envío que le es confiado por el remitente para la realización del proceso postal integral y del que se hace responsable en los términos previstos reglamentariamente, se conoce como:

a) Depósito.
b) Entrega.
c) Correspondencia.
d) Admisión.

Solución al test n.º 8

1. c) La taladradora.

2. d) Cenital.

3. c) Los escáneres.

4. d) La imagen a reproducir se proyecta directamente sobre el papel especial cuya superficie queda sensibilizada con cargas eléctricas.

5. c) No.

6. b) La línea telefónica.

7. b) Cerrada.

8. a) Las máquinas destructoras.

9. d) La impresora de margarita.

10. c) Se utilizan para ordenar y presentar adecuadamente los documentos, clasificándolos e incorporándoles portadas.

11. d) Cliché.

12. a) La "tinta" de la fotocopiadora.

13. b) Encuadernado.

14. d) Escáneres de cama plana.

15. a) Impresora de margarita.

16. b) Amarillo, cian y magenta.

17. b) Tarjetas postales.

18. c) Son propiedad del remitente.

19. a) Un servicio postal.

20. b) De hasta 2 kg de peso.

21. a) La Sociedad Estatal Correos y Telégrafos, Sociedad Anónima.

22. d) El artículo 18.

23. c) Inviolables.

24. d) Contenido conocido.

25. b) Que circule en sobre abierto.

26. a) La indicación del término de "tarjeta postal" en los envíos individuales no implica esta clasificación postal a menos que tenga carácter actual y personal.

27. a) Que su distribución se efectúe en sobre cerrado.

28. b) El material fonográfico y videográfico tendrá el mismo tratamiento que los libros.

29. c) Quedarán depositados en la oficina de destino, desde la que, si es posible, se enviará consulta al remitente para que este autorice su entrega a los herederos u opte por su recuperación.

30. c) Detención arbitraria.

31. d) El franqueo con impresora láser.

32. a) La entrega.

33. b) Antes de abrirla.

34. d) Admisión.

Nociones básicas sobre la Ley 31/1995, de Prevención de Riesgos Laborales. La prevención de riesgos laborales en el ejercicio de las funciones propias del Personal Subalterno. Movimiento de cargas, evacuación de edificios, primeros auxilios

1. ¿Qué se entiende por "riesgo laboral"?

a) La posibilidad de que un trabajador sufra un determinado daño derivado del trabajo.
b) La posibilidad de que un trabajador sufra una enfermedad en el trabajo.
c) La posibilidad de que un trabajador sufra acoso.
d) El riesgo que supone el ir a trabajar.

2. ¿Quién debe garantizar a los trabajadores la vigilancia periódica de su estado de salud en función de los riesgos inherentes al trabajo?

a) La Inspección de Trabajo.
b) El propio trabajador.
c) El empresario.
d) Las secciones sindicales.

3. El derecho básico reconocido a los trabajadores por la Ley 31/1995, de 8 de noviembre, es:

a) La vigilancia de su estado de salud.
b) Una protección eficaz en materia de seguridad y salud en el trabajo.
c) La formación en materia preventiva.
d) La información, consulta y participación.

4. Indicar cuál es la definición de prevención:

a) La probabilidad racional de que un riesgo se materialice de forma inminente.
b) El estudio de los procesos potencialmente peligrosos para el trabajo.
c) Conjunto de actividades o medidas adoptadas o previstas en todas las fases de actividad de la empresa con el fin de evitar o disminuir los riesgos derivados del trabajo.
d) Posibilidad de que un trabajador sufra un determinado daño derivado del trabajo.

5. Señala la respuesta incorrecta:

a) La Ley de Prevención de Riesgos Laborales se aplica a los operativos de Seguridad civil en casos de catástrofe.

b) La Ley de Prevención de Riesgos Laborales se aplica a las sociedades cooperativas.

c) La Ley de Prevención de Riesgos Laborales se aplica a la relación laboral de carácter especial del servicio del hogar familiar.

d) En los establecimientos penitenciarios, se adaptarán a la Ley de Prevención de Riesgos Laborales aquellas actividades cuyas características justifiquen una regulación especial.

6. ¿Cuál es la vigente Ley de Prevención de Riesgos Laborales?

a) Ley 32/1995, de 8 de noviembre.

b) Ley 30/1996, de 8 de noviembre.

c) Ley 31/1995, de 6 de noviembre.

d) Ley 31/1995, de 8 de noviembre.

7. Entre los principios de la acción preventiva recogidos por el artículo 15 de la Ley de Prevención de Riesgos Laborales, no figura:

a) Evitar los riesgos.

b) Evaluar los riesgos que se puedan evitar.

c) Tener en cuenta la evolución de la técnica.

d) Dar las debidas instrucciones a los trabajadores.

8. Cuando los trabajadores estén expuestos a un riesgo grave e inminente con ocasión de su trabajo, y el empresario no adopte o no permita la adopción de las medidas necesarias para garantizar la seguridad y la salud de los trabajadores, la Ley 31/1995, de 8 de noviembre, de Prevención de Riesgos Laborales prevé:

a) Los trabajadores afectados podrán paralizar la actividad.

b) El órgano de representación del personal instará formalmente al empresario a la adopción de las medidas necesarias.

c) Los Delegados de Prevención lo comunicarán a la autoridad laboral, que adoptará las medidas necesarias.

d) El órgano de representación de personal podrá acordar la paralización de la actividad.

9. Según establece el art. 4 de la Ley 31/1995, de 8 de noviembre, de Prevención de Riesgos Laborales, se define como daños derivados del trabajo:

a) La posibilidad de que un trabajador sufra un determinado daño derivado del trabajo.

b) El que resulte probable racionalmente que se materialice en un futuro inmediato y pueda suponer un daño grave para la salud de los trabajadores.

c) Las enfermedades, patologías o lesiones sufridas con motivo u ocasión del trabajo.

d) Cualquier máquina, aparato, instrumento o instalación utilizada en el trabajo.

10. En los locales de trabajo, la altura mínima de las barandillas es de:

a) 50 cm.
b) 60 cm.
c) 90 cm.
d) 1 metro.

11. Las escaleras de mano simples se colocarán, en la medida de lo posible, formando un ángulo con la horizontal de aproximadamente:

a) 30º.
b) 45º.
c) 60º.
d) 75º.

12. En relación con las vías y salidas de evacuación es correcto que:

a) Las puertas de emergencia deberán abrirse hacia el interior.
b) Las puertas de emergencia más recomendables son las giratorias y las correderas.
c) Las puertas de emergencia deberán cerrarse con llave.
d) Las puertas situadas en los recorridos de las vías de evacuación se deberán poder abrir en cualquier momento desde el interior sin ayuda especial.

13. La temperatura de los locales donde se realicen trabajos sedentarios propios de oficinas o similares estará comprendida entre:

a) 20 y 24 ºC.
b) 17 y 27 ºC.
c) 14 y 25 ºC.
d) 18 y 20 ºC.

14. Respecto a la inclinación del tronco en la manipulación manual de cargas, es correcto afirmar que:

a) La manipulación de una carga vigilando el centro de gravedad disminuye el riesgo de lesión en la zona.
b) La postura correcta al manejar una carga es con el tronco inclinado.
c) La postura correcta al manejar una carga es con la espalda derecha.
d) La técnica de levantamiento de la carga no afecta para una correcta manipulación.

15. En general, el peso máximo que se recomienda no sobrepasar en la manipulación manual de cargas es de:

a) 25 kg.
b) 30 kg.
c) 50 kg.
d) 20 kg.

16. Unas condiciones ideales de manipulación manual de cargas incluyen:

a) Levantamientos rápidos y continuados.
b) Espalda inclinada hacia delante.
c) Manejo de la carga sin giros ni inclinaciones.
d) Sujeción del objeto con una posición de la muñeca en ángulo de 90º.

17. En relación con la manipulación manual de cargas, la primera obligación del empresario es:

a) La formación e información de los trabajadores.
b) La vigilancia de la salud.
c) Evaluar los riesgos.
d) Evitar la manipulación manual.

18. A efectos prácticos, la Guía Técnica para la evaluación y prevención de los riesgos derivados de la manipulación manual de cargas considera carga a los objetos de:

a) Más de 1 kg.
b) Más de 3 kg.
c) Más de 5 kg.
d) Menos de 60 kg.

19. El riesgo de lesión será menor:

a) Cuanto más alejada esté la carga del cuerpo.
b) Cuanto más se gire el tronco.
c) Cuanto menor sea la frecuencia de la manipulación.
d) Cuanto menor sea el tiempo de descanso entre manipulaciones.

20. La Guía Técnica para la evaluación y prevención de los riesgos derivados de la manipulación manual de cargas recomienda que la profundidad de la carga no supere:

a) Los 25 cm.
b) Los 35 cm.
c) Los 60 cm.
d) Los 90 cm.

21. Según la Guía Técnica para la evaluación y prevención de los riesgos derivados de la manipulación manual de cargas, desde el punto de vista preventivo, lo ideal es no transportar la carga una distancia superior a:

a) 1 metro.
b) 3 metros.
c) 5 metros.
d) 10 metros.

22. Cuando los trayectos de manipulación manual de cargas no superan los 10 metros, el peso máximo acumulado transportado en una jornada de 8 horas de trabajo será de:

a) 3.000 kg.
b) 6.000 kg.
c) 10.000 kg.
d) 12.000 kg.

23. Se recomienda que en locales interiores el rango de temperaturas para trabajos ligeros se encuentre entre:

a) 10º y 30º.
b) 14º y 25º.
c) 5º y 35º.
d) 20º y 24º.

24. ¿Cuál de las siguientes acciones en la manipulación manual de cargas es correcta?

a) Doblar las piernas manteniendo en todo momento la espalda derecha, y mantener el mentón metido. No flexionar demasiado las rodillas.
b) Juntar los pies para proporcionar una postura estable y equilibrada para el levantamiento.
c) Girar el tronco antes de cambiar de dirección.
d) Sujetar firmemente la carga empleando ambas manos y separarla del cuerpo.

25. Según la Guía Técnica para la evaluación y prevención de los riesgos derivados de la manipulación manual de cargas, aquellas cargas sin asas que pueden sujetarse flexionando la mano 90º alrededor de la carga, se consideran de:

a) Agarre óptimo.
b) Agarre bueno.
c) Agarre regular.
d) Agarre malo.

26. El desplazamiento vertical ideal de una carga es de:

a) Hasta 25 cm.
b) Hasta 50 cm.
c) Hasta 100 cm.
d) Hasta 175 cm.

27. Cuando se maneja una carga entre dos personas la capacidad de levantamiento es:

a) La suma de sus capacidades individuales.
b) Dos tercios de la mayor de las capacidades de los dos trabajadores.
c) Dos tercios de la suma de sus capacidades individuales.
d) La mitad de la suma de sus capacidades individuales.

28. La Guía Técnica recomienda que no se deberían manipular cargas en postura sentada (siempre que sea en una zona próxima al tronco, evitando manipular cargas a nivel del suelo o por encima del nivel de los hombros y giros e inclinaciones del tronco) de más de:

a) 3 kilos.
b) 5 kilos.
c) 10 kilos.
d) 15 kilos.

29. En el caso de que tres personas presencien una PCR, ¿qué secuencia de ventilaciones y compresiones deben seguir para realizar las maniobras de RCP básica?

a) 15 compresiones y 2 ventilaciones.
b) 1 compresión y 5 ventilaciones.
c) 30 compresiones y 2 ventilaciones.
d) 2 compresiones y 30 ventilaciones.

30. ¿Cómo deben colocarse los brazos para realizar el masaje cardiaco externo?

a) En un ángulo de 45º sobre el enfermo.
b) Perpendiculares al enfermo.
c) Extendidos y en un ángulo de 90º sobre el enfermo.
d) Las respuestas b) y c) son ciertas.

31. Ante un posible caso de PCR, ¿cómo valoraría el nivel de conciencia del individuo?

a) Aplicando la escala de Glasgow.
b) Sacudiendo al paciente y gritándole con energía "Oiga, ¿qué le pasa?".
c) Aplicando la regla ALEC (Alerta, Letárgico, Estuporoso y Comatoso).
d) Tratando de conversar con él.

32. ¿Dónde deben colocarse el talón de la mano para realizar el masaje cardiaco externo?

a) Sobre el apéndice xifoides.
b) En el centro del pecho.
c) 3 cm por debajo del apéndice xifoides.
d) Sobre el manubrio esternal.

33. ¿Cuál es la diferencia entre RCP básica y RCP avanzada?

a) La RCP avanzada es realizada por personal experto y la RCP básica no.
b) La RCP avanzada debe llevarse a cabo en el medio hospitalario.

c) La RCP avanzada es realizada por personal experto y con material específico, mientras que la RCP básica puede hacerla cualquiera, experto o no, pues no necesita equipo alguno.

d) Son el mismo conjunto de maniobras pero, dependiendo de los conocimientos del que las realice, se denomina de una u otra manera.

34. ¿En qué se diferencian los conceptos de RCP y Soporte Vital (SV)?

a) El SV forma parte de las maniobras de RCP.

b) El SV es un concepto más amplio que integra, junto con las maniobras de RCP, contenidos referidos a la prevención y difusión de los conocimientos a la población.

c) En nada, son el mismo concepto.

d) La RCP se compone de una serie de maniobras, mientras que el SV es un conjunto de conocimientos teóricos.

35. ¿De cuántos eslabones se compone la denominada cadena de supervivencia?

a) De 2.
b) De 4.
c) De 6.
d) De 8.

Solución al test n.º 9

1. a) La posibilidad de que un trabajador sufra un determinado daño derivado del trabajo.

2. c) El empresario.

3. b) Una protección eficaz en materia de seguridad y salud en el trabajo.

4. c) Conjunto de actividades o medidas adoptadas o previstas en todas las fases de actividad de la empresa con el fin de evitar o disminuir los riesgos derivados del trabajo.

5. a) La Ley de Prevención de Riesgos Laborales se aplica a los operativos de Seguridad civil en casos de catástrofe.

6. d) Ley 31/1995, de 8 de noviembre.

7. b) Evaluar los riesgos que se puedan evitar.

8. d) El órgano de representación de personal podrá acordar la paralización de la actividad.

9. c) Las enfermedades, patologías o lesiones sufridas con motivo u ocasión del trabajo.

10. c) 90 cm.

11. d) 75º.

12. d) Las puertas situadas en los recorridos de las vías de evacuación se deberán poder abrir en cualquier momento desde el interior sin ayuda especial.

13. b) 17 y 27 ºC.

14. c) La postura correcta al manejar una carga es con la espalda derecha.

15. a) 25 kg.

16. c) Manejo de la carga sin giros ni inclinaciones.

17. d) Evitar la manipulación manual.

18. b) Más de 3 kg.

19. c) Cuanto menor sea la frecuencia de la manipulación.

20. b) Los 35 cm.

21. a) 1 metro.

22. c) 10.000 kg.

23. b) 14 y 25º.

24. a) Doblar las piernas manteniendo en todo momento la espalda derecha, y mantener el mentón metido. No flexionar demasiado las rodillas.

25. c) Agarre regular.

26. a) Hasta 25 cm.

27. c) Dos tercios de la suma de sus capacidades individuales.

28. b) 5 kilos.

29. c) 30 compresiones y 2 ventilaciones.

30. d) Las respuestas b) y c) son ciertas.

31. b) Sacudiendo al paciente y gritándole con energía "Oiga, ¿qué le pasa?".

32. b) En el centro del pecho.

33. c) La RCP avanzada es realizada por personal experto y con material específico, mientras que la RCP básica puede hacerla cualquiera, experto o no, pues no necesita equipo alguno.

34. b) El SV es un concepto más amplio que integra, junto con las maniobras de RCP, contenidos referidos a la prevención y difusión de los conocimientos a la población.

35. b) De 4.

TEST N.º 10

Breve descripción del término municipal de Vigo. Ubicación de los diferentes servicios municipales y centros oficiales. Principales vías urbanas, monumentos y lugares de interés cultural, artístico, deportivo y turístico de la ciudad

1. ¿Cuál de las siguientes afirmaciones sobre la ciudad de Vigo es correcta?

a) Vigo es la capital de la provincia de Pontevedra.
b) El clima actual de Vigo es de tipo Cfa (clima subtropical húmedo).
c) Vigo es la ciudad más poblada de Galicia y la mayor de España sin rango de capital provincial.
d) El Monte Castro, con 249 metros de altura, preside el centro de la ciudad.

2. ¿Cuál es la altura del Monte Castro, que preside el corazón de Vigo?

a) 120 metros.
b) 175 metros.
c) 149 metros.
d) 200 metros.

3. ¿Qué actividad económica destacó en Vigo durante la época romana?

a) Salazones de pescado.
b) Minería.
c) Agricultura.
d) Textil.

4. ¿Qué acontecimiento histórico destaca en Vigo durante la Edad Moderna?

a) La expulsión de las tropas napoleónicas.
b) La construcción del ferrocarril.
c) La Batalla de Rande durante la Guerra de Sucesión Española.
d) La fundación de la fábrica Citroën.

5. ¿Cuál es el principal sector económico que impulsó el desarrollo de Vigo en el siglo XX?

a) La minería.
b) La construcción naval y la pesca.
c) La producción agrícola.
d) La energía renovable.

6. ¿Cuál es el sector líder de la economía en Vigo?

a) Sector pesquero, industrial y de servicios.
b) Industria textil.
c) Agricultura y ganadería.
d) Minería de metales preciosos.

7. ¿Qué posición ocupa el puerto de Vigo en España en tráfico ro-ro de vehículos nuevos?

a) Primero.
b) Segundo.
c) Tercero.
d) Cuarto.

8. ¿Cuál de las siguientes afirmaciones sobre la división territorial de Vigo es correcta?

a) El municipio de Vigo se divide en dieciocho parroquias administrativas, las Islas Cíes y la zona centro.
b) La parroquia de Chapela pertenece a Vigo y tiene su propio alcalde pedáneo.
c) Los distritos de Vigo se dividen únicamente en parroquias eclesiásticas según el Instituto Nacional de Estadística (INE).
d) Todos los barrios históricos de Vigo están ubicados en el Distrito 1.

9. ¿Cuál de las siguientes parroquias tiene el rango de entidad local menor y dispone de su propio alcalde pedáneo en Vigo?

a) Cabral.
b) Beade.
c) Bembrive.
d) Freixeiro.

10. ¿Cuál de las siguientes afirmaciones es correcta sobre el Ayuntamiento de Vigo?

a) El Ayuntamiento de Vigo tiene menores competencias que la Diputación de Pontevedra.
b) El Ayuntamiento de Vigo gestiona la planificación urbanística, entre otras responsabilidades.

c) El Ayuntamiento de Vigo no tiene competencias en transporte público ni recaudación de impuestos.

d) El Ayuntamiento de Vigo depende directamente de la Subdelegación del Gobierno en Galicia.

11. Respecto a la Administración General del Estado y Vigo:

a) Todas las oficinas de la Administración General del Estado están en la misma dirección en Vigo.

b) La Dirección General de Tráfico está en Rúa do Regueiro, 15, Freixeiro.

c) Los juzgados de lo mercantil están ubicados en la Rúa Lalín, Coia.

d) La Agencia Estatal de Administración Tributaria tiene una delegación en Vigo, en la Rúa Lalín, 2.

12. ¿Dónde se encuentra la Oficina Municipal de Información al Consumidor (OMIC) en Vigo?

a) Praza do Rei, 1, 36202 – Vigo.

b) Avenida Martínez Garrido, 21, 36205 – Vigo.

c) Calle Eduardo Cabello, 41A, 36210 – Vigo.

d) Calle Joaquín Yáñez, 6, 36202 – Vigo.

13. ¿Dónde está ubicada la Biblioteca Pública Municipal Xosé Neira Vilas en Vigo?

a) Avenida Martínez Garrido, 21, 36205 – Vigo.

b) Calle Eduardo Cabello, 41A, 36210 – Vigo.

c) Calle Oliva, 12 1º, 36202 – Vigo.

d) Calle Gaiteiro Ricardo Portela, 36202 – Vigo.

14. ¿Qué avenida conecta el centro de Vigo con la zona más occidental de la ciudad?

a) Avenida de Castelao.

b) Avenida de García Barbón.

c) Rúa de Urzáiz.

d) Gran Vía de Vigo.

15. ¿Qué calle conecta el puerto de Vigo con otras áreas importantes de la ciudad, y es conocida por ser una vía de circulación hacia zonas residenciales y comerciales?

a) Rúa del Príncipe.

b) Rúa de López Mora.

c) Avenida de Castelao.

d) Rúa de Urzáiz.

16. ¿Cuál de las siguientes avenidas conecta el barrio de Coia con el centro de Vigo?

a) Avenida de Castelao.
b) Avenida de García Barbón.
c) Gran Vía de Vigo.
d) Avenida de Madrid.

17. ¿Cuál de las siguientes calles conecta con la Avenida de Madrid al norte y facilita el acceso a la zona industrial de Balaídos al sur?

a) Rúa do Areal.
b) Rúa Policarpo Sanz.
c) Rúa O Calvario.
d) Rúa Real.

18. ¿Cuál de los siguientes lugares en Vigo es un antiguo asentamiento celta que ofrece vistas panorámicas de la ciudad?

a) Museo del Mar de Galicia.
b) Pazo de Castrelos.
c) Castro de Vigo.
d) Escultura de Julio Verne.

19. ¿Qué museo en Vigo está dedicado a la historia y la cultura marítima de Galicia?

a) Museo de Arte Contemporáneo de Vigo (MARCO).
b) Museo del Mar de Galicia.
c) Centro Gallego de Arte Contemporáneo (CGAC).
d) Museo Quiñones de León.

20. ¿En qué lugar de Vigo se encuentra la escultura de "El Sireno"?

a) Plaza de América.
b) Paseo de Alfonso XII, en la costa.
c) Casco Vello.
d) Mercado de A Pedra.

21. ¿Cuál de las siguientes celebraciones populares de Vigo tiene lugar cada primer domingo de agosto y está relacionada con una procesión religiosa?

a) La Semana Grande de Vigo.
b) La Fiesta de San Roque.
c) La Festa dos Maios.
d) La Reconquista.

22. ¿Qué celebración tiene lugar en Bouzas y rememora la expulsión de los franceses de la antigua villa marinera?

a) La Reconquista.
b) La Fiesta de la Virgen del Carmen.
c) La Festa dos Maios.
d) La Brincadeira.

23. ¿Cuál de los siguientes lugares alberga el Museo Quiñones de León y está rodeado por unos jardines ideales para pasear?

a) Museo del Mar de Galicia.
b) Pazo de Castrelos.
c) Iglesia de San Francisco.
d) Museo de Arte Contemporáneo de Vigo.

24. ¿Qué lugar en Vigo está dedicado a la historia y la cultura marítima de Galicia, con exposiciones sobre la pesca y la navegación?

a) Museo del Mar de Galicia.
b) Castro de Vigo.
c) Mercado de A Pedra.
d) Teatro García Barbón.

25. ¿Cuál de los siguientes lugares en Vigo está dedicado al atletismo, con una pista de tartán moderna?

a) Estadio Municipal de Balaídos.
b) Pista de Atletismo de Balaídos.
c) Club de Vela de Vigo.
d) Parque de Castrelos.

26. ¿Qué complejo deportivo en Vigo ofrece instalaciones para deportes acuáticos, como la vela y el kayak?

a) Polideportivo de Teis.
b) Centro Deportivo de la Torre.
c) Complejo Deportivo Rías do Sur.
d) Club de Vela de Vigo.

27. ¿Cuál de los siguientes lugares en Vigo es ideal para la práctica de senderismo y ciclismo de montaña?

a) Piscinas de Samil.
b) Monte Alba.

c) Circuito de Karting de Vigo.
d) Museo del Mar de Galicia.

28. ¿Dónde se pueden realizar actividades acuáticas como kayak, windsurf y navegación a vela en Vigo?

a) Centro Deportivo Municipal de San Andrés.
b) Casco Vello.
c) Ría de Vigo.
d) Parque de Castrelos.

29. ¿Qué lugar en Vigo es famoso por su playa de arena blanca y es accesible por barco desde el puerto de la ciudad?

a) Monte do Castro.
b) Islas Cíes.
c) Acuario de Vigo.
d) Pazo de Castrelos.

30. ¿Cuál de estos lugares en Vigo es un mercado tradicional famoso por la venta de mariscos y ostras frescas?

a) Mercado de A Pedra.
b) Mercado de Samil.
c) Puerto de Vigo.
d) Museo del Mar de Galicia.

Solución al test n.º 10

1. c) Vigo es la ciudad más poblada de Galicia y la mayor de España sin rango de capital provincial.

2. c) 149 metros.

3. a) Salazones de pescado.

4. c) La Batalla de Rande durante la Guerra de Sucesión Española.

5. b) La construcción naval y la pesca.

6. a) Sector pesquero, industrial y de servicios.

7. b) Segundo.

8. a) El municipio de Vigo se divide en dieciocho parroquias administrativas, las Islas Cíes y la zona centro.

9. c) Bembrive.

10. b) El Ayuntamiento de Vigo gestiona la planificación urbanística, entre otras responsabilidades.

11. d) La Agencia Estatal de Administración Tributaria tiene una delegación en Vigo, en la Rúa Lalín, 2.

12. a) Praza do Rei, 1, 36202 – Vigo.

13. c) Calle Oliva, 12 1º, 36202 – Vigo.

14. d) Gran Vía de Vigo.

15. b) Rúa de López Mora.

16. a) Avenida de Castelao.

17. c) Rúa O Calvario.

18. c) Castro de Vigo.

19. b) Museo del Mar de Galicia.

20. b) Paseo de Alfonso XII, en la costa.

21. a) La Semana Grande de Vigo.

22. d) La Brincadeira.

23. b) Pazo de Castrelos.

24. a) Museo del Mar de Galicia.

25. b) Pista de Atletismo de Balaídos.

26. d) Club de Vela de Vigo.

27. b) Monte Alba.

28. c) Ría de Vigo.

29. b) Islas Cíes.

30. a) Mercado de A Pedra.

SUPUESTOS PRÁCTICOS

SUPUESTO N.º 1

Amadeo Nguema, ciudadano de la República de Guinea Ecuatorial, reside en España desde hace quince años, aunque realiza a su país de origen constantes viajes, pasando en dicho lugar periodos prolongados de tiempo.

Amadeo Nguema ha obtenido de las autoridades españolas permiso de trabajo y residencia, aunque no ha promovido, ni por tanto adquirido, la nacionalidad española.

El Gobierno ecuatoguineano remite a través del Ministerio de Asuntos Exteriores solicitud de extradición, con base en el Convenio Internacional en su día suscrito por ambos países, contra Amadeo Nguema informando que en aquel país el mismo se encuentra procesado como presunto autor de un delito de Asociación Ilícita, castigado con hasta diez años de prisión, a consecuencia de la ostentación por parte de Nguema del cargo de Secretario General del Partido Nacional de Oposición Guineana.

Cuestiones

1. ¿En qué artículo de nuestra Constitución se regula la extradición?
2. ¿Puede concederse la extradición sin la existencia de una ley o un Tratado que la permita?
3. ¿Concederá el Gobierno español la extradición del Sr. Nguema?
4. Explica brevemente la razón por la cual has respondido afirmativa o negativamente a la cuestión anterior.
5. ¿Puede el Sr. Nguema solicitar asilo político en España?

Soluciones

El Gobierno español no debe conceder la extradición del Sr. Nguema ya que, en aplicación del art. 13 de nuestra Constitución de 1978, que regula esta materia, aunque exista entre España y Guinea Ecuatorial un tratado o convenio internacional que, en supuestos normales, la permitiría, ello no es posible en el caso planteado, ya que la causa de la petición es la comisión por parte del Sr. Nguema de un delito político, como es pertenecer a un partido determinado. Los delitos políticos están excluidos expresamente de la posibilidad de extradición por nuestra Constitución, ya que en España, como Estado Democrático que es, este tipo de delito no existe.

Acreditada la persecución política de que es objeto el Sr. Nguema en su país, podrá solicitar de España, que deberá otorgar, el asilo político al afectado con lo que se verá liberado de la persecución de que es objeto exclusivamente por cuestiones ideológicas.

SUPUESTO N.º 2

En el Juzgado de Instrucción de Guardia de Fuente Obejuna, ha sido presentada por el letrado don Manuel Fontanar Vázquez solicitud de *Habeas Corpus* en beneficio de su cliente, don Joaquín del Álamo Enciso, quien, al parecer, se encuentra detenido preventivamente en las dependencias de la Policía Local de la ciudad indicada, al ser acusado de haber cometido un delito de asesinato en la persona de don Álvaro Juan Conde, habiendo sido sorprendido *in fraganti* cuando acababa de finalizar tal acción. Según informa el letrado en su escrito inicial, su cliente fue detenido por la Policía el día 3 de mayo, a las 17,00 horas exactamente, habiendo tenido entrada la petición de *Habeas Corpus* en el Juzgado de Guardia a las 18 horas del día 6 de mayo.

Cuestiones

1. ¿En qué artículo de nuestra Constitución se regula esta materia?
2. ¿Cuánto tiempo durará, como máximo, la detención preventiva de una persona por las Fuerzas y Cuerpos de Seguridad?
3. ¿Debe ser puesto en libertad el detenido?
4. ¿Cuál debió ser la actuación correcta de la Policía?
5. ¿Puede ser utilizado el procedimiento de *Habeas Corpus* en otros casos, además de cuando se supere el plazo de detención preventiva?

Soluciones

El artículo de la Constitución Española que regula esta materia es el 17.

Según dicho precepto, la detención preventiva no podrá durar más del tiempo estrictamente necesario para la realización de las averiguaciones tendentes al esclarecimiento de los hechos, sin que en ningún caso se pueda dilatar más de setenta y dos horas tal situación.

El detenido no debe ser puesto en libertad, ya que presuntamente ha cometido un delito grave como es quitar la vida intencionadamente a otra persona. La Policía debe, debió hacerlo antes de que transcurrieran las setenta y dos horas ya referidas, poner al detenido a disposición de la autoridad judicial competente, y esta, a la vista del caso, habría ordenado el ingreso en prisión provisional del Sr. Del Álamo.

En definitiva, con el procedimiento de *Habeas Corpus* se pretende únicamente que sea puesto a disposición judicial todo aquel en cuya detención haya concurrido alguna anomalía, es decir, no solo el que permanezca detenido preventivamente más de lo estrictamente necesario, como máximo setenta y dos horas, sino también aquel detenido que no ha sido informado de sus derechos con claridad, al que no se ha dotado de abogado, etc.

Una vez que la Autoridad Judicial evalúe lo sucedido, adoptará una de las siguientes decisiones:

a) Poner de inmediato en libertad al afectado por la detención irregular;

b) Regularizar la situación de tal detenido ordenando su ingreso en prisión provisional, si se le considera presunto autor de un delito que merezca la aplicación de tal medida cautelar, todo ello en el seno del proceso penal que esté abierto o se abra al efecto para el esclarecimiento del delito cometido.

SUPUESTO N.º 3

Doña Gertrud von Zaten, de nacionalidad alemana, acudió el pasado día 15 de junio, día en que se celebraban en la Comunidad Autónoma de Andalucía elecciones a su Parlamento autónomo, con el propósito de emitir su voto en el Colegio Electoral más próximo a su domicilio. La Sra. Von Zaten reside en Marbella desde hace veinte años, y no solamente está empadronada en dicha ciudad, sino que, además, es concejala en su Ayuntamiento por el partido político denominado «Fuerza Marbellí».

El Sr. Presidente de la Mesa Electoral, a pesar de lo anterior, no permitió a la Sra. Von Zaten votar, sin que atendiera a las explicaciones de la misma, motivo por el cual la Sra. Von Zaten formuló en el Juzgado de Guardia la oportuna denuncia por estimar que se estaba cometiendo contra ella un presunto delito electoral.

Cuestiones

1. ¿Regula nuestra Constitución el derecho de sufragio de ciudadanos extranjeros?

2. ¿Fue correcta la actuación del Presidente de Mesa al impedir el voto a la Sra. Von Zaten?

3. ¿Puede la Sra. Von Zaten ser concejala del Ayuntamiento de Marbella?

4. ¿Puede un ciudadano extranjero votar y ser votado en unas elecciones que se celebren en España?

5. ¿Ha sufrido nuestra Constitución alguna reforma en este aspecto desde su entrada en vigor?

Soluciones

En efecto, es el art. 13.2 de nuestra Constitución el que hace alusión al derecho de sufragio de los ciudadanos extranjeros residentes en España.

La actuación del Presidente de la Mesa Electoral fue correcta, ya que, a la vista del art. 13 antes citado, los ciudadanos extranjeros no pueden participar, ni activa ni pasivamente en procesos electorales españoles diferentes a las elecciones municipales. Sí está permitido que los extranjeros puedan votar y ser votados en elecciones municipales, siempre y cuando tengan su residencia en la localidad en la que desean emitir su voto. Por tal razón, la Sra. Von Zaten puede votar en Marbella, y puede resultar elegida como concejala, sin que ello le dé derecho a participar en otro tipo de elecciones mientras no adquiera la nacionalidad española.

Finalmente, este artículo 13.2 fue modificado en su día al tener que ser adaptado a las exigencias de la legislación de la Unión Europea en la que tal derecho de sufragio activo y pasivo en elecciones municipales está permitido.

SUPUESTO N.º 4

El Departamento de Salud Pública y Consumo del Ayuntamiento de X, de un Municipio de régimen común, está tramitando la elaboración de una Ordenanza Municipal de defensa de los usuarios y consumidores, llegándose a aprobar inicialmente, tras lo que procede su exposición al público.

Cuestiones

A los efectos anteriores se le pide que responda las preguntas y requerimientos que siguen:

1. Indica los trámites a seguir para aprobar una Ordenanza Municipal.
2. Indica el anuncio de apertura de información pública, tras la aprobación inicial de esta Ordenanza Municipal de defensa de usuarios y consumidores.

Soluciones

1. Como es conocido, a tenor de lo dispuesto por el art. 49 de la Ley 7/1985, de 2 de abril, Reguladora de las Bases del Régimen Local (LRL, en otras citas), al que se remite el art. 56 del Texto Refundido de las disposiciones legales vigentes en materia de Régimen Local, aprobado por el Real Decreto Legislativo 781/1986, de 18 de abril (TR/86, en lo sucesivo), en el procedimiento de aprobación de las Ordenanzas Municipales, después de elaborar el borrador de las mismas y ser dictaminado por la Comisión Informativa competente por razón de la materia, ha de someterse a aprobación inicial del Pleno de la Corporación, tras lo cual se somete a información pública y audiencia de los interesados para la presentación de reclamaciones y sugerencias, por el plazo mínimo de treinta días, que, ante la indeterminación de este precepto, deben considerarse hábiles, conforme al art. 30 de la Ley 39/2015, de 1 de octubre, del Procedimiento Administrativo Común de las Administraciones Públicas (LPACAP en lo sucesivo), procediéndose, posteriormente, a la resolución de todas las reclamaciones y sugerencias presentadas dentro del plazo, a su nuevo dictamen por la Comisión Informativa y a la aprobación definitiva por el Pleno, publicándose acto seguido en los términos del art. 70.2 LRL (en el Boletín Oficial de la Provincia, sin que entren en vigor hasta que se haya publicado completamente su texto y haya transcurrido el plazo previsto en el art. 65.2 LRL). En el caso de que no se hubiera

presentado ninguna reclamación o sugerencia, se entenderá definitivamente adoptado el acuerdo hasta entonces provisional (el de aprobación inicial).

2. Partiendo de estos postulados legales, y suponiendo que la sesión plenaria tuvo lugar el día 12 de marzo de 2024, el anuncio de apertura de información pública podría ser como sigue:

"El Excmo./Ilmo. (debe indicarse el tratamiento que le corresponda) *Ayuntamiento Pleno, en su sesión ordinaria/extraordinaria* (debe indicarse el tipo de sesión en que se aprobó) *de 12 de marzo de 2024, aprobó inicialmente la Ordenanza Municipal de Defensa de los Usuarios y Consumidores, que, a tenor del art. 49 de la Ley 7/1985, de 2 de abril, Reguladora de las Bases del Régimen Local, por el presente, se somete a información pública y audiencia de los interesados por el plazo de treinta días para la presentación de reclamaciones y sugerencias, entendiéndose definitivamente adoptado el acuerdo de aprobación inicial si en el citado plazo no se presenta ninguna reclamación o sugerencia.*

Lo que se comunica para general conocimiento, a los efectos antes señalados, haciéndose notar que el expediente de que se trata puede ser examinado por las personas interesadas en el Departamento de Salud Pública y Consumo, sito en la sede oficial del propio Ayuntamiento, en calle/avda._____, núm.___ de esta Localidad y en la sede electrónica alojada en la siguiente dirección web www.xxxx.es, debiendo presentarse las sugerencias y reclamaciones en el Registro Electrónico de esta Corporación o con arreglo a la forma prevista en el art. 16.4 de la Ley 39/2015, de 1 de octubre, del Procedimiento Administrativo Común de las Administraciones Públicas".

SUPUESTO N.º 5

En sus relaciones con la Administración Pública, los ciudadanos pueden intervenir por sí mismos o a través de representantes, pudiendo otorgar su representación a través de cualquiera de los medios válidos en Derecho (por ejemplo, mediante un poder notarial) y, entre ellos, el llamado "poder *apud acta*".

Cuestiones

En relación con este tipo de actuación, se te propone como caso práctico que:

1. Señales el régimen legal de la representación.

2. Especifiques la información que debe contener un asiento de poder electrónico *apud acta* en el correspondiente registro electrónico de la Entidad Local, cuando este haya sido otorgado exclusivamente para un procedimiento de concesión de una licencia de obras, y cómo podría ser el contenido de ese asiento.

Soluciones

1. Su regulación legal se contiene en el art. 5 de la Ley 39/2015, de 1 de octubre, del Procedimiento Administrativo Común de las Administraciones Públicas (LPACAP, en adelante), según el cual:

    1. Los interesados con capacidad de obrar podrán actuar por medio de representante, entendiéndose con este las actuaciones administrativas, salvo manifestación expresa en contra del interesado.

    2. Las personas físicas con capacidad de obrar y las personas jurídicas, siempre que ello esté previsto en sus Estatutos, podrán actuar en representación de otras ante las Administraciones Públicas.

    3. Para formular solicitudes, presentar declaraciones responsables o comunicaciones, interponer recursos, desistir de acciones y renunciar a derechos en nombre de otra persona, deberá acreditarse la representación. Para los actos y gestiones de mero trámite se presumirá aquella representación.

4. La representación podrá acreditarse mediante cualquier medio válido en Derecho que deje constancia fidedigna de su existencia.

   A estos efectos, se entenderá acreditada la representación realizada mediante apoderamiento *apud acta* efectuado por comparecencia personal o comparecencia electrónica en la correspondiente sede electrónica, o a través de la acreditación de su inscripción en el registro electrónico de apoderamientos de la Administración Pública competente.

5. El órgano competente para la tramitación del procedimiento deberá incorporar al expediente administrativo acreditación de la condición de representante y de los poderes que tiene reconocidos en dicho momento. El documento electrónico que acredite el resultado de la consulta al registro electrónico de apoderamientos correspondiente tendrá la condición de acreditación a estos efectos.

6. La falta o insuficiente acreditación de la representación no impedirá que se tenga por realizado el acto de que se trate, siempre que se aporte aquella o se subsane el defecto dentro del plazo de diez días que deberá conceder al efecto el órgano administrativo, o de un plazo superior cuando las circunstancias del caso así lo requieran.

7. Las Administraciones Públicas podrán habilitar con carácter general o específico a personas físicas o jurídicas autorizadas para la realización de determinadas transacciones electrónicas en representación de los interesados. Dicha habilitación deberá especificar las condiciones y obligaciones a las que se comprometen los que así adquieran la condición de representantes, y determinará la presunción de validez de la representación salvo que la normativa de aplicación prevea otra cosa. Las Administraciones Públicas podrán requerir, en cualquier momento, la acreditación de dicha representación. No obstante, siempre podrá comparecer el interesado por sí mismo en el procedimiento.

2. El poder *apud acta* es un mecanismo legal, previsto en el art. 6.5 de la Ley 39/2015, de 1 de octubre, del Procedimiento Administrativo Común de las Administraciones Públicas, para otorgar la representación de un ciudadano a otro con quien, en lo sucesivo, se entenderán los tramites del procedimiento. El citado artículo dispone que "El apoderamiento *apud acta* se otorgará mediante comparecencia electrónica en la correspondiente sede electrónica haciendo uso de los sistemas de firma electrónica previstos en esta ley, o bien mediante comparecencia personal en las oficinas de asistencia en materia de registros."

Como puede observarse, al margen del poder notarial (como medio válido en Derecho que deje constancia fidedigna), basta con que la persona interesada se persone en las oficinas de asistencia en materia de registros o lo haga mediante comparecencia electrónica en la correspondiente sede electrónica, a través de la acreditación de su inscripción en el registro electrónico de apoderamientos de la Administración Pública competente e indique que en lo sucesivo actuará en su representación la persona de que se trate. Al expediente administrativo se deberá incorporar la acreditación de la condición de representante y de los poderes que tiene reconocidos, que podrá hacerse mediante el documento electrónico que acredite el resultado de la consulta al registro electrónico de apoderamientos correspondiente. Los datos que debe contener el asiento electrónico son los que se prevén en el apartado 3 del art. 6 de la LPACAP, con la especificación recogida en el Apartado 4 de dicha Norma Legal, que son:

1. Los datos identificativos del poderdante.

2. Los datos identificativos del apoderado o representante.

3. La fecha de inscripción.

4. El plazo por el que se otorga el poder, con un máximo de cinco años.

5. Las facultades concedidas al apoderado por el poderdante, que en este caso deben limitarse a la actuación ante la Unidad o Departamento del Ayuntamiento que corresponda y para los trámites necesarios para la concesión de obras interesada.

A modo de ejemplo, el asiento podría ser como sigue:

DON FULANO DE TAL Y TAL, con DNI XXXX-X, apodera a DON ZULANO DE CUAL Y CUAL, con DNI YYYY-Y, como representante, según inscripción que se realiza en el día de la fecha, 23/11/2020, por el tiempo necesario para la realización de los trámites necesarios para cumplir con la finalidad para el que se otorga, y en todo caso, para el plazo máximo de cinco años, a fin de que en nombre del poderdante pueda realizar ante (indicar el departamento o Unidad de la Corporación Municipal de que se trate) cuantos trámites sean necesarios para el inicio, y hasta su terminación, del procedimiento de concesión de licencia de obras en nombre del poderdante.

En la siguiente página podemos ver el modelo de Solicitud de Inscripción de Apoderamientos, disponible a través del registro electrónico de apoderamientos.

Solicitud de Inscripción de Apoderamientos

INSCRIPCION EN EL REGISTRO ELECTRONICO DE APODERAMIENTOS PARA LA REALIZACION DE TRÁMITES Y ACTUACIONES POR MEDIOS ELECTRÓNICOS, MEDIANTE COMPARECENCIA DEL PODERDANTE O MEDIANTE PODER OTORGADO POR DOCUMENTO PÚBLICO O PRIVADO NOTARIALMENTE LEGITIMADO

D/Dª (nombre y dos apellidos) (*)..
con NIF/NIE (*) ....
[ ] en nombre propio
[ ] como representante según documento justificativo que se adjunta (1) del interesado:
    [ ] Nombre del interesado persona jurídica (razón social)...
    con NIF...............................
    [ ] Nombre del interesado persona física...
    con NIF/NIE ....

OTORGA SU REPRESENTACIÓN A:
D/Dª (nombre y dos apellidos) (*)..
con NIF/NIE (*) ....
en representación de la entidad (razón social) ....
con NIF ....

PARA LA REALIZACIÓN DE LOS SIGUIENTES TRÁMITES Y ACTUACIONES POR MEDIOS ELECTRÓNICOS DE LOS ESPECIFICADOS EN LA SEDE ELECTRÓNICA DEL PUNTO DE ACCESO GENERAL DE LA ADMINISTRACIÓN GENERAL DEL ESTADO (https://sede.060.gob.es):

Organismo:

Fecha de vigencia:

TIPO (**)	CÓDIGO	DENOMINACIÓN	FECHA DE VIGENCIA

El poderdante y apoderado (2) autorizan a que sus datos personales sean tratados de manera automatizada a los exclusivos efectos de los trámites y actuaciones por medios electrónicos objeto de la representación.
En caso de apoderamientos otorgados mediante documento público o privado con firma legitimada notarialmente, deben hacerse constar los siguientes datos:
• NOTARIO O FEDATARIO PÚBLICO Y COLEGIO:
• NÚMERO DE PROTOCOLO:
• FECHA DEL DOCUMENTO DE REPRESENTACIÓN:

En .... a .... de .... de.................

EL OTORGANTE   EL APODERADO(3)   EL FUNCIONARIO
(Número de Registro de Personal)

SUPUESTO N.º 6

Entre los requisitos formales de los actos administrativos, en su notificación, ha de hacerse constar qué tipo de recursos se pueden interponer contra los mismos, plazo para hacerlo y órgano ante el que debe plantearse. Es lo que, en la jerga administrativa, se denomina "pie de recurso".

Cuestiones

En el caso que se propone se trata de notificar la denegación de una licencia de uso común especial del dominio público, a cuyos efectos se pide que:

1. Señales el régimen legal de uso del dominio público en un Municipio de régimen común y de la notificación de los actos administrativos.

2. Redactes la notificación del acto de denegación con expresa constancia del pie de recurso.

Soluciones

1. Entre las posibilidades de utilización del dominio público, el art. 75 del Reglamento de Bienes de las Entidades Locales, aprobado por el Real Decreto 1372/1986, de 13 de junio (RBEL, en adelante), y aplicable salvo que por la Comunidad Autónoma de que se trate se haya aprobado una norma similar, se distingue un uso común, que es el que corresponde por igual a todos los ciudadanos indistintamente, de modo que el uso de unos no impida el de los demás interesados, siendo general cuando no concurran circunstancias singulares (por ejemplo, al pasear por la vía pública) y especial cuando concurrieren circunstancias de este carácter por la peligrosidad, intensidad del uso o cualquier otra semejante (por ejemplo, el ejercicio del comercio ambulante en la vía pública), y un uso privativo, constituido por la ocupación de una porción del dominio público de modo que limite o excluya la utilización por los demás interesados (por ejemplo, la construcción e instalación de una cafetería en un parque público).

El uso común especial normal de los bienes de dominio público, a tenor del art. 77 RBEL, se sujetará a licencia, ajustada a la naturaleza del dominio, a los actos de su afectación y apertura al uso público y a los preceptos de carácter general, otorgándose directamente estas licencias, salvo si por cualquier circunstancia se limitare el número de las mismas, en cuyo caso lo serán por licitación y, si no fuere posible, porque todos los autorizados hubieren de reunir las mismas condiciones, mediante sorteo, y sin que estas licencias sean transmisibles cuando se refieran a las cualidades personales del sujeto o cuando su número esté limitado, pudiendo transmitirse en los demás casos según se prevea en las Ordenanzas.

El uso privativo está sujeto a concesión administrativa (art. 78.1 RBEL).

Por otra parte, ha de recordarse que el silencio administrativo en esta materia de uso de bienes de las Entidades Locales se considera negativo por el art. 24 de la Ley 39/2015, de 1 de octubre, del Procedimiento Administrativo Común de las Administraciones Públicas (LPACAP, en adelante), así como por el art. 9, apartados 5.º y 7.º,b), del Reglamento de Servicios de las Corporaciones Locales, aprobado por Decreto de 17 de junio de 1955.

En cuanto a la notificación de los actos administrativos, que será preferentemente por medios electrónicos, se refieren los arts. 40 y siguientes de la LPACAP, disponiendo el primero de ellos que:

1. El órgano que dicte las resoluciones y actos administrativos los notificará a los interesados cuyos derechos e intereses sean afectados por aquellos, en los términos previstos en los artículos siguientes.

2. Toda notificación deberá ser cursada dentro del plazo de diez días a partir de la fecha en que el acto haya sido dictado, y deberá contener el texto íntegro de la resolución, con indicación de si pone fin o no a la vía administrativa, la expresión de los recursos que procedan, en su caso, en vía administrativa y judicial, el órgano ante el que hubieran de presentarse y el plazo para interponerlos, sin perjuicio de que los interesados puedan ejercitar, en su caso, cualquier otro que estimen procedente.

3. Las notificaciones que, conteniendo el texto íntegro del acto, omitiesen alguno de los demás requisitos previstos en el apartado anterior, surtirán efecto a partir de la fecha en que el interesado realice actuaciones que supongan el conocimiento del contenido y alcance de la resolución o acto objeto de la notificación, o interponga cualquier recurso que proceda.

4. Sin perjuicio de lo establecido en el apartado anterior, y a los solos efectos de entender cumplida la obligación de notificar dentro del plazo máximo de duración de los procedimientos, será suficiente la notificación que contenga, cuando menos, el texto íntegro de la resolución, así como el intento de notificación debidamente acreditado.

5. Las Administraciones Públicas podrán adoptar las medidas que consideren necesarias para la protección de los datos personales que consten en las resoluciones y actos administrativos, cuando estos tengan por destinatarios a más de un interesado.

2. Partiendo de que, en un Municipio de régimen común, el órgano competente para otorgar o denegar licencias de uso común especial del dominio público es el Alcalde, salvo que las leyes sectoriales lo atribuyan expresamente al Pleno o a la Junta de Gobierno Local (art. 21.1,q, de la LRL), y de que el traslado de los actos y acuerdos de las Corporaciones Locales compete al Secretario General de la Corporación de que se trate (art. 192.2 del Reglamento de Organización, Funcionamiento y Régimen Jurídico de las Entidades Locales, aprobado por el Real Decreto 2568/1986, de 28 de noviembre), podría efectuarse la siguiente notificación de la denegación de la licencia solicitada, motivada en que la Ordenanza Municipal de Comercio Ambulante prohíbe la concesión de licencias de forma directa, debiendo estarse al régimen previsto en la misma Ordenanza (sorteo entre los peticionarios y lista de espera posterior):

El Alcalde-Presidente de este Ayuntamiento de _____ ha dictado el siguiente DECRETO:

"En relación con la licencia de uso común especial del dominio público solicitada por el Sr. _____, para ejercer la actividad de venta ambulante en este Municipio en el Mercadillo situado en la plaza de_____, por el presente, en uso de las atribuciones que me confiere el art. 21.1,q, de la Ley 7/1985, de 2 de abril, Reguladora de las Bases del Régimen Local (LRL), y a tenor de lo dispuesto en el art. ___ de la Ordenanza Municipal de Comercio Ambulante de este Ayuntamiento (aprobada por el Excmo. Ayuntamiento Pleno el día ___ de_____ de 20__ y publicada en el Boletín Oficial de la Provincia núm.___, de ___ de _____ de 20__), en el sentido de que las licencias para ocupar los puestos de los Mercadillos han de concederse por sorteo entre los peticionarios, quedando en lista de espera los que no las obtenga, vengo en denegar la licencia solicitada".

Lo que le notifico, por el presente, para su conocimiento y efectos, haciéndole notar que este Decreto agota la vía administrativa y que contra el mismo puede interponer Recurso de Reposición en el plazo de un mes ante el propio Sr. Alcalde (art. 52 LRL), que se entenderá desestimado si transcurre un mes desde su interposición sin que se dicte y notifique su resolución (art. 124 de la Ley 39/2015, de 1 de octubre, del Procedimiento Administrativo Común de las Administraciones Públicas –LPACAP–), así como que, si no interpone dicho recurso, o contra la resolución expresa o presunta del mismo, podrá interponer recurso contencioso-administrativo en el plazo de dos meses o seis meses, según sea expresa o presunta, a contar desde el día siguiente al de la notificación de este Decreto o de la resolución del Recurso de Reposición, ante el Juzgado de lo Contencioso-Administrativo de _____ (art. 46 de la Ley 29/1998, de 13 de julio, reguladora de la Jurisdicción Contencioso-Administrativa), sin perjuicio de que pueda ejercitar cualquier otro recurso que estime procedente (art. 40.2 de la LPACAP).

_____, a __ de _____ de 20__).

EL SECRETARIO GENERAL,

(Debe figurar el sello y/o firma electrónica).

NOTA: En el caso de un Municipio de gran población, las referencias al Alcalde deben entenderse hechas a la Junta de Gobierno Local (art. 127,1.º,e, LRL).

Los ciudadanos, en no pocas ocasiones, han de acreditar que se ha adoptado un acuerdo por un órgano de su Ayuntamiento en un asunto en el que tienen la condición de interesados, o que se encuentran en una determinada situación de vecindad o domiciliaria en el Municipio en que residan.

Así, puede pedirse un certificado del nombramiento de un funcionario para solicitar, por ejemplo, un préstamo en una entidad financiera, o un certificado de empadronamiento, con constancia del domicilio, con el fin de solicitar una plaza en un Colegio próximo al domicilio familiar.

Cuestiones

Se solicita, como caso práctico, que:

1. Se indique el régimen legal de los certificados.

2. Se redacten ambos certificados.

Soluciones

1. A las certificaciones de los actos y acuerdos de las Corporaciones Locales se refieren los arts. 203 y siguientes del Reglamento de Organización, Funcionamiento y Régimen Jurídico de las Entidades Locales, aprobado por el Real Decreto 2568/1986, de 28 de noviembre (ROFRJEL, en adelante).

En concreto, el art. 203 dispone que el Secretario estará obligado a expedir certificaciones o testimonios de los acuerdos que contengan los Libros de Actas cuando así lo reclamen de oficio las Autoridades competentes.

Asimismo, las certificaciones de todos los actos, resoluciones y acuerdos de los órganos de gobierno de la Entidad, así como las copias y certificaciones de los Libros y documentos que en las distintas Dependencias existan, se expedirán siempre por el Secretario, salvo precepto expreso que disponga otra cosa (art. 204 ROFRJEL).

Las certificaciones se expedirán por orden del Presidente de la Corporación y con su «visto bueno», para significar que el Secretario o Funcionario que las expide y autoriza está en el ejercicio del cargo y que su firma es auténtica. Irán rubricadas al margen por el Jefe de la Unidad al que corresponda, llevarán el sello de la Corporación y se reintegrarán, en su caso, con arreglo a la respectiva Ordenanza de exacción, si existiere (art. 205 ROFRJEL).

Por otra parte, podrán expedirse certificaciones de las resoluciones y acuerdos de los órganos de gobierno y administración de las Entidades Locales, antes de ser aprobadas las actas que los contengan, siempre que se haga la advertencia o salvedad en este sentido y a reserva de los términos que resulten de la aprobación del acta correspondiente (art. 206 ROFRJEL).

Finalmente, los arts. 70,3.º de la Ley 7/1985, de 2 de abril, Reguladora de las Bases del Régimen Local (LRL, en otras citas) y 207 ROFRJEL disponen que todos los ciudadanos tienen derecho a obtener copias y certificaciones acreditativas de los acuerdos de los órganos de gobierno y administración de las Entidades Locales y de sus antecedentes, así como a consultar los archivos y registros en los términos que disponga la legislación de desarrollo del art. 105,b) de la Constitución Española. La denegación o limitación de este derecho, en todo cuanto afecte a la seguridad y defensa del Estado, la averiguación de los delitos o la intimidad de las personas, deberá verificarse mediante resolución motivada.

2. Partiendo de lo antes indicado, pueden exponerse los dos siguientes modelos de **certificado**, referidos a un Municipio de régimen común:

En primer lugar, sobre el nombramiento como funcionario municipal de un ciudadano, partiendo de que accediera a la Subescala Auxiliar de Administración General.

D._____, SECRETARIO GENERAL DEL ILMO./EXCMO. AYUNTAMIENTO DE_____,

CERTIFICA:

Que D. _____, mayor de edad, vecino de esta localidad, con domicilio en C/Avda./Plaza_____, n.º_____, y documento nacional de identidad n.º_____, fue nombrado funcionario de carrera de esta Corporación, como Auxiliar de Administración General, por Decreto del Ilmo./Excmo. Sr. Alcalde de___ de_____, de 20__, habiendo tomado posesión de su plaza el día____, de_____, de 20___.

Y para que conste, a los efectos que procedan, a petición del interesado, y en los términos de los arts. 204 y 205 del Reglamento de Organización, Funcionamiento y Régimen Jurídico de las Entidades Locales, aprobado por el Real Decreto 2568/1986, de 28 de noviembre (Boletín Oficial del Estado núm. 305, de 22 de diciembre, de 1986; corrección de errores en Boletín Oficial del Estado núm. 12, de 14 de enero de 1987), expido el presente, con el Visto Bueno del Ilmo./Excmo. Sr. Alcalde, en _____, a____, de_____, de 20__.

V.º B.º EL ALCALDE

Fdo.:_____ Fdo.: (aquí debe figurar la firma del Secretario General o su firma electrónica).

Por lo que respecta a la **certificación de empadronamiento**, es similar a la anterior en líneas generales, proponiéndose la siguiente:

D._____, SECRETARIO GENERAL DEL ILMO./EXCMO. AYUNTAMIENTO DE_____,

CERTIFICA:

Que D. _____, mayor de edad, y con documento nacional de identidad n.º_____, figura en el vigente Padrón Municipal de Habitantes como vecino de esta localidad, con domicilio en C/Avda./Plaza_____, n.º_____, constando que conviven con el mismo, como miembros de la unidad familiar:

D.ª_____ (la cónyuge, en su caso).

D./D.ª _____ (Hijo/hija).

D./D.ª _____ (Hijo/hija).

Y para que conste, a los efectos que procedan, a petición del interesado, y en los términos de los arts. 204 y 205 del Reglamento de Organización, Funcionamiento y Régimen Jurídico de las Entidades Locales, aprobado por el Real Decreto 2568/1986, de 28 de noviembre (Boletín Oficial del Estado núm. 305, de 22 de diciembre, de 1986; corrección de errores en Boletín Oficial del Estado núm. 12, de 14 de enero de 1987), expido el presente, con el Visto Bueno del Ilmo./Excmo. Sr. Alcalde, en _____, a____, de_____, de 20__.

V.º B.º EL ALCALDE

Fdo.:_____ Fdo.: (Aquí debe figurar el sello y la firma electrónica del Secretario).

SUPUESTO N.º 8

Entre las obligaciones que la Ley 39/2015, de 1 de octubre, del Procedimiento Administrativo Común de las Administraciones Públicas, impone a estas, se encuentra la de informar al interesado en un procedimiento sobre el plazo máximo establecido legalmente para dictar la resolución que proceda y notificación de la misma, así como de los efectos que pueda producir el silencio administrativo (es decir, el carácter de dicho silencio administrativo: si es estimatorio -positivo- o desestimatorio -negativo-).

Cuestiones

A estos efectos, partiendo de que se solicite por un ciudadano una licencia de uso común especial del dominio público, sujeta al régimen general del Reglamento de Bienes de las Entidades Locales, se solicita que:

1. Se indique el régimen legal de este tipo de licencia y de la información antes aludida.

2. Se redacte el escrito administrativo en el que se efectúa dicha información al interesado.

Soluciones

1. El Reglamento de Bienes de las Entidades Locales, aprobado por el Real Decreto 1372/1986, de 13 de junio (RBEL, en adelante), en sus arts. 74 a 91, regula el uso de los bienes de dominio público, distinguiendo, dentro del uso común (que es el que corresponde por igual a todos los ciudadanos indistintamente, de modo que el uso de unos no impida el de los demás), entre:

a) Uso Común General, cuando no concurran circunstancias singulares. Puede ser ejercitado por cualquier administrado, sin que se requiera una cualificación especial. Es el caso de utilización de parques y jardines, circulación de vehículos y peatones en las vías públicas, etc. Los bienes se usarán libremente, con arreglo a la naturaleza de los mismos, a los actos de su afectación y apertura al uso público y a las Leyes, Reglamentos y demás disposiciones generales.

b) Uso Común Especial, que se da cuando concurren circunstancias singulares por la peligrosidad o intensidad del uso, o cualesquiera otras semejantes, colocando al usuario en una situación distinta a la del resto del público. Por contraste con el anterior, nadie tiene un derecho a la utilización especial del dominio público. Siendo la Administración la titular del mismo, solo un acto específico de tolerancia de ella puede facultar al particular para realizar este uso. Conforme al art. 77,1.º RBEL, el uso común especial normal de los bienes de dominio público se sujetará a licencia, ajustada a la naturaleza del dominio, a los actos de su afectación y apertura al uso público y a los preceptos de carácter general. Supuestos de este uso son la instalación de veladores y mesas en la vía pública, el comercio ambulante, etc.

A estos efectos, a tenor de los números 2 y 3 de este art. 77 RBEL, las licencias se otorgarán directamente, salvo si por cualquier circunstancia se limitare el número de las mismas, en cuyo caso lo serán por licitación y, si no fuere posible, porque todos los interesados hubieren de reunir las mismas condiciones, mediante sorteo. Y no serán transmisibles las licencias que se refieran a las cualidades personales del sujeto o cuyo número estuviere limitado. Las demás, lo serán o no según se prevea en las Ordenanzas.

Finalmente, esta licencia, en los Municipios de régimen común, debe ser concedida por el Alcalde o, por delegación del mismo, en su caso, por un Teniente de Alcalde o Concejal-Delegado, a tenor de lo dispuesto en el art. 21,1.º,q) de la Ley 7/1985, de 2 de abril, Reguladora de las Bases del Régimen Local (en los Municipios de gran población la competencia la tiene la Junta de Gobierno Local), y deberá concederse o denegarse en el plazo de un mes, considerándose denegada por silencio administrativo si transcurre este plazo sin concederse (arts. 9,5.º y 7.º,b, del Reglamento de Servicios de las Corporaciones Locales, aprobado por Decreto de 17 de junio de 1955, y 24.1 de la Ley 39/2015, de 1 de octubre, del Procedimiento Administrativo Común de las Administraciones Públicas).

En cuanto a la información a suministrar a los interesados, el art. 21,4.º de esta Ley 39/2015 establece que "Las Administraciones Públicas deben publicar y mantener actualizadas en el portal web, a efectos informativos, las relaciones de procedimientos de su competencia, con indicación de los plazos máximos de duración de los mismos, así como de los efectos que produzca el silencio administrativo.

En todo caso, las Administraciones Públicas informarán a los interesados del plazo máximo establecido para la resolución de los procedimientos y para la notificación de los actos que les pongan término, así como de los efectos que pueda producir el silencio administrativo. Dicha mención se incluirá en la notificación o publicación del acuerdo de iniciación de oficio, o en la comunicación que se dirigirá al efecto al interesado dentro de los diez días siguientes a la recepción de la solicitud iniciadora del procedimiento en el registro electrónico de la Administración u Organismo competente para su tramitación. En este último caso, la comunicación indicará además la fecha en que la solicitud ha sido recibida por el órgano competente.

2. El escrito a remitir al interesado, podría ser del tenor siguiente:

"Sr. D. _____

Calle/Avda./Plaza_____

Localidad (*la que fuere*)

En relación con su solicitud de concesión de licencia para uso común especial del dominio público, recibida por el órgano competente para resolverla el día ___ de _____ de 20___, he de significarle que, con arreglo a los arts. 9,5.º y 7.º,b, del Reglamento de Servicios de las Corporaciones Locales, aprobado por Decreto de 17 de junio de 1955 (Boletín Oficial del Estado núm. 196, de 15 de julio de 1955; corrección de errores en Boletín Oficial del Estado núm. 203, de 22 de julio de 1955), y 24,1.º de la Ley 39/2015, de 1 de octubre, del Procedimiento Administrativo Común de las Administraciones Públicas, esta licencia deberá concederse o denegarse en el plazo de un mes, considerándose denegada por silencio administrativo si transcurre este plazo sin concederse y notificarse.

_____, a ___ de _____ de 20___.

EL (*debe insertarse, en mayúscula, la identificación funcional, es decir, el cargo que ostenta el que hace la notificación*),

Fdo.: (*han de consignarse el sello y/o su firma electrónica*)"

SUPUESTO N.º 9

Entre las atribuciones reconocidas a los Alcaldes está la de dictar Bandos, a través de la cual imponen el cumplimiento general de las órdenes contenidas en los mismos para el buen funcionamiento y gobierno de la colectividad que dirigen.

Cuestiones

En este sentido, partiendo de la existencia de una Ordenanza Municipal sobre Higiene Urbana, en la que se contempla la obligación de los titulares de animales domésticos de recoger los residuos que estos depositen en la vía pública cuando son sacados a pasear por la misma, se solicita que:

1. Se indique el régimen legal de los Bandos.

2. Se redacte un Bando recordando esta obligación prevista en la Ordenanza Municipal.

Soluciones

1. El art. 21,1.º,e), de la Ley 7/1985, de 2 de abril, Reguladora de las Bases del Régimen Local (LRL, en adelante) (art. 124,4.º,g, LRL, respecto a los Municipios de gran población), así como el art. 41,13.º del Reglamento de Organización, Funcionamiento y Régimen Jurídico de las Entidades Locales, aprobado por el Real Decreto 2568/1986, de 28 de noviembre (ROFRJEL, en las siguientes citas), confieren a los Alcaldes la potestad de dictar Bandos, competencia esta típica de los mismos, a través de la cual imponen el cumplimiento general de las órdenes contenidas en los mismos para el buen funcionamiento y gobierno de la colectividad que dirigen.

La generalidad de la Doctrina científica señala, respecto de los Bandos, que son disposiciones adoptadas directamente por el Alcalde, que tienen por objeto recordar, aclarar y, en su caso, innovar el ordenamiento jurídico local, si bien se reserva la potestad innovadora, es decir, de creación de Derecho, para cuando el Alcalde haga uso de la atribución que le confiere el art. 21,1.º,m) LRL (art. 124,4º,h, respecto a los Municipios de gran población), esto es, adoptar personalmente, y bajo su responsabilidad, en caso de catástrofe o de infortunios públicos y grave riesgo de los mismos, las medidas necesarias y adecuadas, dando cuenta inmediata al Pleno. Se trata, pues, de lo que GARCÍA DE EN-

TERRÍA llama «reglamentos de necesidad», es decir, que excepcionan –y no derogan *ab aeterno*– una Ley previa.

En el mismo sentido se manifestó una Sentencia del Tribunal Supremo (antigua Sala Cuarta, de lo Contencioso-Administrativo; hoy, Sala Tercera), de 28 de diciembre de 1977 (Aranzadi n.º 473), que, partiendo de las diferencias en cuanto al procedimiento de elaboración y control gubernativo (en aquel momento existente, a través de la aprobación definitiva de las Ordenanzas por el Gobernador Civil de cada Provincia; requisito, este, hoy desaparecido) entre Ordenanzas y Bandos, señaló que «el distinto tratamiento legal en cuanto a la forma pone de manifiesto la diferente entidad o naturaleza jurídica de ambas normativas: la Ordenanza es instrumento adecuado para regular las materias importantes, el Bando se reserva para cuestiones de índole menor, por responder su «ratio» a la necesidad de recordar, a veces, el cumplimiento de una disposición legal o reglamentaria, fecha o lugares en que se llevarán a cabo determinadas actuaciones o prestaciones, actualizaciones de mandatos contenidos en las Leyes cuando se producen las situaciones que estas contemplan (vacunación, etc.); esto es, se trata de medidas, en general, temporales y de carácter instrumental, más que de carácter modificatorio o innovador. Por ello, no parece adecuado incluir en un Bando los mandatos o normas destinados a regular situaciones innovativas con vocación de permanencia, que todos reservan a la solemnidad de la Ordenanza como único instrumento, en el campo local, adecuado a la importancia y trascendencia de las mismas, regulándose por tal medio reglamentario normal multitud de materias relativas al mejor orden de la vida de los núcleos urbanos (circulación de personas, animales y vehículos, policía sobre la higiene y el ornato, etc.); en consecuencia, esta actividad o potestad normativa de los órganos de la Administración Local debe canalizarse a través de una Ordenanza, no de un simple Bando, por no encontrarnos ante una situación eventual o de una simple medida de concreción de norma general o de mero carácter coyuntural, sino propiamente nos encontramos ante una regulación general y de duración indefinida... que desborda la potestad de mando del Alcalde».

Similar doctrina se sostiene en Sentencia de 18 de octubre de 1983, también del Tribunal Supremo, en la que se concluye categóricamente que «cuando no nos encontramos ante una situación eventual o una medida de concreción de una norma general o de mero carácter coyuntural, sino en presencia de una regulación general, esa potestad normativa debe canalizarse a través de una Ordenanza».

2. Partiendo de los postulados anteriores y de la expresa prohibición reglamentaria de que las personas que paseen animales por las vías públicas recojan los residuos o excrementos de los mismos, podría redactarse el siguiente Bando:

"BANDO

Nombre y apellidos (*deben consignarse los datos personales del Alcalde*).

Alcalde-Presidente del Ayuntamiento de_____

HAGO SABER:

Que se vienen recibiendo en este Ayuntamiento reiteradas quejas sobre el lamentable y antihigiénico estado en que quedan las vías públicas de esta localidad por el vertido incontrolado de residuos o excrementos por parte de animales domésticos sacados a pasear por las personas bajo cuya custodia se encuentran, contraviniéndose la obligación legal de sus cuidadores de recoger dichas deposiciones.

Por ello, con el fin de salvaguardar la higiene pública e, incluso, la integridad física de los viandantes, que pueden verse involuntariamente desplazados al pisar dichos residuos, por el presente BANDO, dictado al amparo del artículo 21,1.º,e), de la Ley 7/1985, de 2 de abril, Reguladora de las Bases del Régimen Local (art. 124,4.º,g, LRL, respecto a los Municipios de gran población), se encarece a todos los que saquen a pasear animales domésticos por las vías públicas de esta Localidad el estricto cumplimiento de la Ordenanza Municipal de Higiene Urbana, aprobada por el Ilmo./Excmo. Ayuntamiento Pleno el día___ de_____ de 20__ (Boletín Oficial de la Provincia núm.____, de __, de _____ de 20__), que en su artículo _____ obliga a recoger estas deposiciones, previéndose la imposición de una sanción de _____ euros a los que infringieren este precepto reglamentario.

Esta Alcaldía espera la máxima colaboración de todos en el cumplimiento de estas previsiones, haciendo notar que, de seguir este tipo de conductas, se verá impulsada a conminar a los Agentes de su Autoridad para que denuncien a los infractores y se sigan los oportunos expedientes sancionadores, en los términos regulados en la citada Ordenanza.

Lo que se hace público a todos los efectos.

_____, a ___ de _____ de 20__"

No es infrecuente que, cuando la Administración intenta notificar a un ciudadano la incoación de un expediente sancionador, este procure eludir dicha notificación, con la esperanza de que, llegado el caso, pueda esgrimir la prescripción de la infracción presuntamente cometida. La nueva Ley de Procedimiento Administrativo Común regula la notificación electrónica, de modo que la simple puesta a disposición de la notificación en la sede electrónica de la Administración u Organismo actuante o en la dirección electrónica habilitada única permite entender cumplida la obligación de notificar dentro del plazo máximo de duración de los procedimientos. No obstante, si el administrado o su representante no disponen de medios de acceso a la dirección electrónica habilitada, lo que ocurrirá en la mayoría de las veces cuando se trate de la incoación de procedimientos sancionadores, la notificación habrá de realizarse en papel.

Cuestiones

A los efectos anteriores, suponiendo que se ha intentado por dos veces notificar la iniciación de este expediente sancionador por infracción de una Ordenanza Municipal de Zonas Verdes y no se ha podido efectuar en la persona del interesado o de su representante, se solicita que:

1. Se indique el régimen legal de las notificaciones.

2. Se redacte el anuncio de publicación de esta iniciación.

Soluciones

1. A las notificaciones y publicaciones de los actos administrativos, a los efectos del caso que se propone, se refieren los arts. 40 a 45 de la Ley 39/2015, de 1 de octubre, del Procedimiento Administrativo Común de las Administraciones Públicas (LPACAP, en adelante), disponiendo el art. 40 que:

"1. El órgano que dicte las resoluciones y actos administrativos los notificará a los interesados cuyos derechos e intereses sean afectados por aquellos, en los términos previstos en los artículos siguientes.

2. Toda notificación deberá ser cursada dentro del plazo de diez días a partir de la fecha en que el acto haya sido dictado, y deberá contener el texto íntegro de la resolución, con indicación de si pone fin o no a la vía administrativa, la expresión de los recursos que procedan, en su caso, en vía administrativa y judicial, el órgano ante el que hubieran de presentarse y el plazo para interponerlos, sin perjuicio de que los interesados puedan ejercitar, en su caso, cualquier otro que estimen procedente.

3. Las notificaciones que, conteniendo el texto íntegro del acto, omitiesen alguno de los demás requisitos previstos en el apartado anterior, surtirán efecto a partir de la fecha en que el interesado realice actuaciones que supongan el conocimiento del contenido y alcance de la resolución o acto objeto de la notificación, o interponga cualquier recurso que proceda.

4. Sin perjuicio de lo establecido en el apartado anterior, y a los solos efectos de entender cumplida la obligación de notificar dentro del plazo máximo de duración de los procedimientos, será suficiente la notificación que contenga, cuando menos, el texto íntegro de la resolución, así como el intento de notificación debidamente acreditado.

5. Las Administraciones Públicas podrán adoptar las medidas que consideren necesarias para la protección de los datos personales que consten en las resoluciones y actos administrativos, cuando estos tengan por destinatarios a más de un interesado.

Por su parte, el art. 41, señala que:

1. Las notificaciones se practicarán preferentemente por medios electrónicos y, en todo caso, cuando el interesado resulte obligado a recibirlas por esta vía.

   No obstante lo anterior, las Administraciones podrán practicar las notificaciones por medios no electrónicos en los siguientes supuestos:

   a) Cuando la notificación se realice con ocasión de la comparecencia espontánea del interesado o su representante en las oficinas de asistencia en materia de registro y solicite la comunicación o notificación personal en ese momento.

   b) Cuando para asegurar la eficacia de la actuación administrativa resulte necesario practicar la notificación por entrega directa de un empleado público de la Administración notificante.

   Con independencia del medio utilizado, las notificaciones serán válidas siempre que permitan tener constancia de su envío o puesta a disposición, de la recepción o acceso por el interesado o su representante, de sus fechas y horas, del contenido íntegro, y de la identidad fidedigna del remitente y destinatario de la misma. La acreditación de la notificación efectuada se incorporará al expediente.

   Los interesados que no estén obligados a recibir notificaciones electrónicas, podrán decidir y comunicar en cualquier momento a la Administración Pública, mediante los modelos normalizados que se establezcan al efecto, que las notificaciones sucesivas se practiquen o dejen de practicarse por medios electrónicos.

Reglamentariamente, las Administraciones podrán establecer la obligación de practicar electrónicamente las notificaciones para determinados procedimientos y para ciertos colectivos de personas físicas que por razón de su capacidad económica, técnica, dedicación profesional u otros motivos quede acreditado que tienen acceso y disponibilidad de los medios electrónicos necesarios.

Adicionalmente, el interesado podrá identificar un dispositivo electrónico y/o una dirección de correo electrónico que servirán para el envío de los avisos regulados en este artículo, pero no para la práctica de notificaciones.

2. En ningún caso se efectuarán por medios electrónicos las siguientes notificaciones:

   a) Aquellas en las que el acto a notificar vaya acompañado de elementos que no sean susceptibles de conversión en formato electrónico.

   b) Las que contengan medios de pago a favor de los obligados, tales como cheques.

3. En los procedimientos iniciados a solicitud del interesado, la notificación se practicará por el medio señalado al efecto por aquel. Esta notificación será electrónica en los casos en los que exista obligación de relacionarse de esta forma con la Administración.

   Cuando no fuera posible realizar la notificación de acuerdo con lo señalado en la solicitud, se practicará en cualquier lugar adecuado a tal fin, y por cualquier medio que permita tener constancia de la recepción por el interesado o su representante, así como de la fecha, la identidad y el contenido del acto notificado.

4. En los procedimientos iniciados de oficio, a los solos efectos de su iniciación, las Administraciones Públicas podrán recabar, mediante consulta a las bases de datos del Instituto Nacional de Estadística, los datos sobre el domicilio del interesado recogidos en el Padrón Municipal, remitidos por las Entidades Locales en aplicación de lo previsto en la Ley 7/1985, de 2 de abril, reguladora de las Bases del Régimen Local.

5. Cuando el interesado o su representante rechace la notificación de una actuación administrativa, se hará constar en el expediente, especificándose las circunstancias del intento de notificación y el medio, dando por efectuado el trámite y siguiéndose el procedimiento.

6. Con independencia de que la notificación se realice en papel o por medios electrónicos, las Administraciones Públicas enviarán un aviso al dispositivo electrónico y/o a la dirección de correo electrónico del interesado que este haya comunicado, informándole de la puesta a disposición de una notificación en la sede electrónica de la Administración u Organismo correspondiente o en la dirección electrónica habilitada única. La falta de práctica de este aviso no impedirá que la notificación sea considerada plenamente válida.

7. Cuando el interesado fuera notificado por distintos cauces, se tomará como fecha de notificación la de aquella que se hubiera producido en primer lugar.

Respecto a la forma de practicar las notificaciones en papel, el art. 42 de la LPACAP dispone que se hará en el domicilio del interesado, y si no fuera hallado y nadie se hiciera cargo de la misma, se hará constar esta circunstancia en el expediente, junto con el día y la hora en que se intentó la notificación, intento que se repetirá por una sola vez y en una hora distinta dentro de los tres días siguientes. En caso de que el primer intento de notificación se haya realizado antes de las quince horas, el segundo intento deberá realizarse después de las quince horas y viceversa, dejando en todo caso al menos un margen de diferencia de tres horas entre ambos intentos de notificación. Si el segundo intento también resultara infructuoso, se procederá en la forma prevista en el artículo 44.

En el caso que nos ocupa, se ha intentado notificar al interesado en dos ocasiones, cumpliéndose con lo establecido en el apartado 2 de dicho artículo 42, por lo que procederá la publicación en el Boletín Oficial de la Provincia del acuerdo de iniciación.

En este contexto, a la publicación se refiere el art. 45 de la LPACAP, prescribiendo que los actos administrativos serán objeto de publicación cuando así lo establezcan las normas reguladoras de cada procedimiento o cuando lo aconsejen razones de interés público apreciadas por el órgano competente, que deberá contener los mismos elementos que el artículo 40.2 y 40.3 exige respecto de las notificaciones y que se realizará en el diario oficial que corresponda, según cuál sea la Administración de la que proceda el acto a notificar.

Finalmente, dado que se trata de un expediente sancionador, y en defecto de normativa específica al respecto, habrá que estar en cuanto a su tramitación y, especialmente, su iniciación, a lo dispuesto en el art. 63 y concordantes de la LPACAP.

2. A la vista de cuanto antecede, podría realizarse la siguiente publicación:

"Habiéndose intentado sin efecto la notificación del inicio de un expediente sancionador por infracción de la Ordenanza Municipal de Zonas Verdes, cometida presuntamente por D._____, y habiéndose recabado, mediante consulta a las bases de datos del Instituto Nacional de Estadística, los datos sobre el domicilio del interesado recogidos en el Padrón Municipal, remitidos por las Entidades Locales en aplicación de lo previsto en la Ley 7/1985, de 2 de abril, reguladora de las Bases del Régimen Local, que ha resultado infructuosa, se procede a realizarla por el presente anuncio, en cumplimiento de lo previsto en el artículo 41,5.º de la Ley 39/2015, de 1 de octubre, del Procedimiento Administrativo Común de las Administraciones Públicas. El contenido del acto a notificar es el que sigue:

«DECRETO

A la vista de la denuncia formulada por los Agentes de la Autoridad números _____ y _____, en el sentido de que por D. _____ se ha podido infringir el artículo_____ de la vigente Ordenanza Municipal de Zonas Verdes (publicada en el Boletín Oficial de la Provincia núm. ___, de _____ de _____ de 20__), al sustraer varias flores ornamentales, cometiéndose presuntamente una infracción leve, que puede ser castigada

con multa de 150,25 euros, por el presente vengo en Decretar la incoación de expediente sancionador contra el denunciado, haciéndole notar que se ha nombrado Instructor del procedimiento a D. _____, en su calidad de Jefe de_____ y, como Secretario,
a D. _____, funcionario adscrito a la Unidad de _____,
competente para esta tramitación, a los que podrá recusar en los términos previstos en el artículo 24 de la Ley 40/2015, de 1 de octubre, de Régimen Jurídico del Sector Público; asimismo,
que el órgano competente para resolver este procedimiento es esta Alcaldía, en ejercicio de
las atribuciones que le confiere el art. 21,1.º,n), de la Ley 7/1985, de 2 de abril, Reguladora de
las Bases del Régimen Local (la Junta de Gobierno Local, en los Municipios de gran población,
conforme al art. 127,4.º,l, LRL), en orden a sancionar por infracciones de las Ordenanzas Municipales; que, con arreglo al artículo 85 de la LPACAP, podrá reconocer voluntariamente su
responsabilidad, procediéndose a la resolución del expediente, y teniendo la sanción únicamente carácter pecuniario tendrá derecho a una reducción del ___ por 100 (debe indicarse
qué porcentaje se establece en la Ordenanza Municipal, si es que lo contempla), y que tiene
un plazo de_____, a contar desde el siguiente a la notificación de este Decreto, para for-
mular alegaciones (el que figure en la Ordenanza específica, no inferior a 10 días ni superior a
15 conforme al art. 82.2 de la Ley 39/2015), considerándose este Decreto como propuesta de
resolución en el caso de que en el citado plazo no formule dichas alegaciones.

_____ a___ de _____ de 20__

EL ALCALDE,

Fdo.:_____ (nombre y apellidos o sello o firma electrónica)

Lo que se publica, a los efectos antes previstos.

_____ a ___ de _____ de 20__

EL JEFE DE _____
(debe señalarse la Unidad Administrativa de que se trate).

Fdo.:_____ (nombre y apellidos o sello o firma electrónica)

Entre los novedosos cambios operados por la Ley 39/2015, de 1 de octubre, del Procedimiento Administrativo Común de las Administraciones Públicas, se encuentra la exención a los interesados de presentar documentos originales, salvo que, con carácter excepcional, la normativa reguladora aplicable establezca lo contrario.

No obstante, sucederá en no pocas ocasiones, que la copia aportada por el ciudadano, digitalizada o en papel, no sea suficiente, ya debido a la relevancia del documento o por la escasa calidad de la copia, por lo que será necesario cotejar el original o incluso incorporarlo al expediente mediante copia auténtica del mismo.

Así, por ejemplo, en un procedimiento de revisión catastral, la Entidad Local correspondiente, y habida cuenta la discrepancia en la cabida de la finca entre la información catastral y la registral, la Administración solicita al propietario de la misma la escritura notarial por la que se declaró la obra nueva realizada en la misma.

Cuestiones

Se solicita que:

1. Se indique el régimen legal de las copias de documentos originales y de su aportación al procedimiento por los interesados.

2. Se redacte el documento administrativo por el que se le requiere para la aportación de la escritura notarial de declaración de obra nueva en el procedimiento de revisión catastral.

Soluciones

1. El art. 70.3 de la Ley 7/1985, de 2 de abril, Reguladora de las Bases de Régimen Local (idéntico contenido al art. 207 del Reglamento de Organización, Funcionamiento y Régimen Jurídico de las Entidades Locales, aprobado por Real Decreto 2568/1986, de 28 de noviembre) reconoce que "Todos los ciudadanos tienen derecho a obtener copias y certificaciones acreditativas de los acuerdos de las corporaciones locales y sus antecedentes, así como a consultar los archivos y registros en los términos que disponga la legislación de desarrollo del artículo 105, párrafo b), de la Constitución. La denegación o

limitación de este derecho, en todo cuanto afecte a la seguridad y defensa del Estado, la averiguación de los delitos o la intimidad de las personas, deberá verificarse mediante resolución motivada."

Al régimen legal de las copias se dedican los arts. 27 y 28 de la Ley 39/2015, de 1 de octubre, del Procedimiento Administrativo Común de las Administraciones Públicas. El primero de ellos, tras determinar qué órganos tendrán atribuida tal competencia y que cada Administración General del Estado, las Comunidades Autónomas y las Entidades Locales podrán realizar copias auténticas mediante funcionario habilitado o mediante actuación administrativa automatizada, dispone que tendrán la consideración de copia auténtica de un documento público administrativo o privado las realizadas, cualquiera que sea su soporte, por los dichos órganos competentes siempre que quede garantizada la identidad del órgano que haya realizado la copia y su contenido.

A tal efecto, los interesados podrán solicitar, en cualquier momento, la expedición de copias auténticas de los documentos públicos administrativos que hayan sido válidamente emitidos por las Administraciones Públicas. La solicitud se dirigirá al órgano que emitió el documento original, debiendo expedirse, salvo las excepciones derivadas de la aplicación de la Ley 19/2013, de 9 de diciembre, en el plazo de quince días a contar desde la recepción de la solicitud en el registro electrónico de la Administración u Organismo competente.

Asimismo, las Administraciones Públicas estarán obligadas a expedir copias auténticas electrónicas de cualquier documento en papel que presenten los interesados y que se vaya a incorporar a un expediente administrativo.

Por su parte, el art. 28 de la LPACAP se dedica a la aportación de documentos al procedimiento por los interesados, disponiendo que las Administraciones no exigirán a los interesados la presentación de documentos originales, salvo que, con carácter excepcional, la normativa reguladora aplicable establezca lo contrario.

Asimismo, las Administraciones Públicas no requerirán a los interesados datos o documentos no exigidos por la normativa reguladora aplicable o que hayan sido aportados anteriormente por el interesado a cualquier Administración. A estos efectos, el interesado deberá indicar en qué momento y ante qué órgano administrativo presentó los citados documentos, debiendo las Administraciones Públicas recabarlos electrónicamente a través de sus redes corporativas o de una consulta a las plataformas de intermediación de datos u otros sistemas electrónicos habilitados al efecto. Se presumirá que esta consulta es autorizada por los interesados, salvo que conste en el procedimiento su oposición expresa o la ley especial aplicable requiera consentimiento expreso, debiendo, en ambos casos, ser informados previamente de sus derechos en materia de protección de datos de carácter personal. Excepcionalmente, si las Administraciones Públicas no pudieran recabar los citados documentos, podrán solicitar nuevamente al interesado su aportación.

Cuando con carácter excepcional, y de acuerdo con lo previsto en esta ley, la Administración solicitara al interesado la presentación de un documento original y este estuviera en formato papel, el interesado deberá obtener una copia auténtica, según los requisitos establecidos en el artículo 27, con carácter previo a su presentación electrónica. La copia electrónica resultante reflejará expresamente esta circunstancia.

Excepcionalmente, cuando la relevancia del documento en el procedimiento lo exija o existan dudas derivadas de la calidad de la copia, las Administraciones podrán solicitar de manera motivada el cotejo de las copias aportadas por el interesado, para lo que podrán requerir la exhibición del documento o de la información original.

Las copias que aporten los interesados al procedimiento administrativo tendrán eficacia, exclusivamente en el ámbito de la actividad de las Administraciones Públicas.

Los interesados se responsabilizarán de la veracidad de los documentos que presenten.

2. El escrito a remitir al interesado, podría ser del tenor siguiente:

"Sr. D. _____

Calle/Avda./Plaza_____

Localidad (la que fuere)

En relación al expediente n.º _____ de revisión catastral sobre la finca de su propiedad sita en _____, y con número de referencia catastral _____, se le requiere para que en el plazo de diez (10) días, y de conformidad con lo dispuesto en el artículo 28.4 de la Ley 39/2015, de 1 de octubre, del Procedimiento Administrativo Común de las Administraciones Públicas, aporte la siguiente documentación:

Copia auténtica de la escritura notarial de declaración de obra nueva de la finca relacionada.

Dicha copia la podrá obtener mediante la puesta de manifiesto del documento original en las dependencias de esta Corporación municipal, ante el _____ (identificar al funcionario habilitado a tal fin).

Se le advierte que, en el caso de no cumplir este requerimiento, podrá pararle el perjuicio a que hubiera lugar conforme a la legislación vigente.

En _____, a _____ de _____ de _____.

EL JEFE DE _____

(Debe identificarse la Unidad Administrativa).

Fdo.:_____

(Nombre y apellidos del funcionario titular de la Jefatura o sello y/o firma electrónica)."

SUPUESTO N.º 12

El Sr. X, Economista del Ayuntamiento de Z, con nivel consolidado de Complemento de Destino 24, se presentó a un concurso de méritos para cubrir un puesto de trabajo de su especialidad en la Diputación Provincial de su provincia, obteniendo el mismo.

Cuestiones

1. Señálese qué tipo de plaza tiene en la Corporación de procedencia.

2. En qué situación administrativa quedará este funcionario.

3. Quién debe declarar la situación de que se trate.

4. Qué régimen jurídico (retributivo, de derechos y deberes, etc.) tendrá este funcionario.

5. Si el puesto que cubre en la Diputación Provincial tiene nivel de Complemento de Destino 28, cómo y en qué forma consolidará un nuevo nivel.

Soluciones

1. Los Economistas al servicio de una Corporación Local que ejerzan sus funciones de tales y reciban esta misma denominación deben encuadrarse en la Subescala Técnica de Administración Especial y, dentro de ella, como Técnicos Superiores, conforme al art. 171.1 del Texto Refundido de las disposiciones legales vigentes en materia de Régimen Local, aprobado por el Real Decreto Legislativo 781/1986, de 18 de abril (TR/86, en adelante), dispone que "pertenecerán a la Subescala Técnica de Administración Especial, los funcionarios que desarrollen tareas que son objeto de una carrera para cuyo ejercicio exigen las Leyes estar en posesión de determinados títulos académicos o profesionales. En atención al carácter y nivel del título exigido, dichos funcionarios se dividen en Técnicos Superiores, Medios y Auxiliares, y, a su vez, cada clase podrá comprender distintas ramas y especialidades".

2. El art. 88 del Real Decreto Legislativo 5/2015, de 30 de octubre, por el que se aprueba el texto refundido de la Ley del Estatuto Básico del Empleado Público (TREBEP), a cuyo tenor los funcionarios de carrera que, en virtud de los procesos de transferencias o por los procedimientos de provisión de puestos de trabajo, obtengan destino en una Administración Pública distinta, serán declarados en la

situación de servicio en otras Administraciones Públicas. Se mantendrán en esa situación en el caso de que por disposición legal de la Administración a la que acceden se integren como personal propio de esta.

Los funcionarios transferidos a las Comunidades Autónomas se integran plenamente en la organización de la Función Pública de las mismas, hallándose en la situación de servicio activo en la Función Pública de la Comunidad Autónoma en la que se integran.

Las Comunidades Autónomas al proceder a esta integración de los funcionarios transferidos como funcionarios propios, respetarán el Grupo o Subgrupo del cuerpo o escala de procedencia, así como los derechos económicos inherentes a la posición en la carrera que tuviesen reconocido.

Los funcionarios transferidos mantienen todos sus derechos en la Administración Pública de origen como si se hallaran en servicio activo de acuerdo con lo establecido en los respectivos Estatutos de Autonomía.

Se reconoce la igualdad entre todos los funcionarios propios de las Comunidades Autónomas con independencia de su Administración de procedencia.

Los funcionarios de carrera en la situación de servicio en otras Administraciones Públicas que se encuentren en dicha situación por haber obtenido un puesto de trabajo mediante los sistemas de provisión previstos en este Estatuto, se rigen por la legislación de la Administración en la que estén destinados de forma efectiva y conservan su condición de funcionario de la Administración de origen y el derecho a participar en las convocatorias para la provisión de puestos de trabajo que se efectúen por esta última. El tiempo de servicio en la Administración Pública en la que estén destinados se les computará como de servicio activo en su cuerpo o escala de origen.

Los funcionarios que reingresen al servicio activo en la Administración de origen, procedentes de la situación de servicio en otras Administraciones Públicas, obtendrán el reconocimiento profesional de los progresos alcanzados en el sistema de carrera profesional y sus efectos sobre la posición retributiva conforme al procedimiento previsto en los Convenios de Conferencia Sectorial y demás instrumentos de colaboración que establecen medidas de movilidad interadministrativa, previstos en el artículo 84 del presente Estatuto. En defecto de tales Convenios o instrumentos de colaboración, el reconocimiento se realizará por la Administración Pública en la que se produzca el reingreso.

3. La competencia para declarar las distintas situaciones administrativas en que pueden encontrarse los funcionarios locales corresponde al Alcalde-Presidente como Jefe Superior de todo el personal (arts. 21.1,h, en cuanto a los Alcaldes, y 34.1.h, respecto de los Presidentes de Diputaciones Provinciales, de la Ley 7/1985, de 2 de abril, Reguladora de las Bases del Régimen Local –LRL, en lo sucesivo–) (en los Municipios de gran población esta competencia se atribuye a la Junta de Gobierno Local, conforme al art. 127,1.º,h, LRL), pudiendo delegar esta competencia específica en un Concejal-Delegado o Diputado-Delegado Provincial, sin que se pueda delegar la propia Jefatura Superior del Personal (art. 21.3, en cuanto a los Alcaldes, y 34.3 respecto de los Presidentes de Diputaciones Provinciales LRL).

4. Como quiera que el Sr. X cubre un puesto en la Diputación Provincial, en ella quedará en situación de servicio activo, con todos los derechos y obligaciones inherentes a esta situación, que son equivalentes a los que tenía cuando trabajaba en el Ayuntamiento.

Respecto del Ayuntamiento, permanecerá en la situación de servicio en otra Administración Pública en tanto se mantenga la relación de servicios que dio origen a la misma, es decir, mientras esté en servicio activo en la Diputación Provincial. Y una vez producido el cese en ella deberá solicitar el reingreso al servicio activo en el Ayuntamiento en el plazo máximo de un mes, declarándosele, de no hacerlo, en la situación de excedencia voluntaria por interés particular (art. 15.3 del Reglamento de Situaciones Administrativas de los Funcionarios Civiles de la Administración General del Estado, en adelante RSA).

En cuanto al resto de efectos, habrá que estar a lo dispuesto en el citado art. 88 TREBEP y las Leyes sobre función Pública que aprueben las respectivas Comunidades Autónomas en desarrollo de esta TREBEP, que se aplicarán a las Entidades Locales de su territorio.

5. El art. 16 TREBEP trata acerca del concepto, principios y modalidades de la carrera profesional de los funcionarios de carrera, disponiendo que:

1. Los funcionarios de carrera tendrán derecho a la promoción profesional.

2. La carrera profesional es el conjunto ordenado de oportunidades de ascenso y expectativas de progreso profesional conforme a los principios de igualdad, mérito y capacidad.

   A tal objeto las Administraciones Públicas promoverán la actualización y perfeccionamiento de la cualificación profesional de sus funcionarios de carrera.

3. Las Leyes de Función Pública que se dicten en desarrollo de este Estatuto regularán la carrera profesional aplicable en cada ámbito que podrán consistir, entre otras, en la aplicación aislada o simultánea de alguna o algunas de las siguientes modalidades:

   a) Carrera horizontal, que consiste en la progresión de grado, categoría, escalón u otros conceptos análogos, sin necesidad de cambiar de puesto de trabajo y de conformidad con lo establecido en la letra b) del artículo 17 y en el apartado 3 del artículo 20 de este Estatuto.

   b) Carrera vertical, que consiste en el ascenso en la estructura de puestos de trabajo por los procedimientos de provisión establecidos en el Capítulo III del Título V de este Estatuto.

   c) Promoción interna vertical, que consiste en el ascenso desde un cuerpo o escala de un Subgrupo, o Grupo de clasificación profesional en el supuesto de que este no tenga Subgrupo, a otro superior, de acuerdo con lo establecido en el artículo 18.

   d) Promoción interna horizontal, que consiste en el acceso a cuerpos o escalas del mismo Subgrupo profesional, de acuerdo con lo dispuesto en el artículo 18.

4. Los funcionarios de carrera podrán progresar simultáneamente en las modalidades de carrera horizontal y vertical cuando la Administración correspondiente las haya implantado en un mismo ámbito.

Por su parte, el art. 70 del Reglamento General de Ingreso del Personal al servicio de la Administración General del Estado y de Provisión de Puestos de Trabajo y Promoción Profesional de los funcionarios Civiles de la Administración General del Estado, aprobado por el Real Decreto 364/1995, de 10 de marzo (aplicable, también, supletoriamente, y al que habrá que estar hasta tanto se promulguen las citadas Leyes de Función Pública y Reglamentos de desarrollo de las mismas), regula el grado personal, disponiendo que los puestos de trabajo se clasifican en 30 niveles, así como que todos los funcionarios de carrera adquirirán un grado personal por el desempeño de uno o más puestos del nivel correspondiente durante dos años continuados o tres con interrupción, con excepción de lo dispuesto en el apartado 6 de este artículo, cualquiera que fuera el sistema de provisión, y que, no obstante lo anterior, los funcionarios que obtengan un puesto de trabajo superior en más de dos niveles al correspondiente a su grado personal, consolidarán cada dos años de servicios continuados el grado superior en dos niveles al que poseyesen, sin que en ningún caso puedan superar el correspondiente al del puesto desempeñado, ni el intervalo de niveles correspondiente a su Cuerpo o Escala.

En el supuesto planteado, el Sr. X tiene consolidado el grado personal 24, percibiendo por ello el nivel 24 de Complemento de Destino. Ahora bien, cuando ingresa en la Diputación Provincial provee un puesto de nivel 28, por lo que percibirá las retribuciones propias del mismo mientras lo desempeñe, consolidando cada dos años de servicios continuados en el mismo el grado superior en dos niveles al que posea, en la forma antes expuesta a la luz del art. 70 citado.

En suma, el Sr. X a los dos años de ingresar en su nuevo puesto en la Diputación Provincial consolidará el grado 26, y a los dos siguientes años el grado 28.

SUPUESTO N.º 13

En la página web del Centro de Estudios Financieros (CEF) se publica un resumen sobre el Criterio Operativo n.º 102/2020, de la Dirección del Organismo Estatal Inspección de Trabajo y Seguridad Social, de fecha 16 de marzo de 2020, sobre medidas y actuaciones de la Inspección de Trabajo y Seguridad Social relativas a situaciones derivadas del nuevo Coronavirus (SARS-CoV-2). Asimismo, se establecen las medidas preventivas que deben adoptar los/as funcionarios/as para evitar el contagio con ocasión de sus actuaciones en los centros de trabajo.

Se reproduce el resumen realizado por Centro de Estudios Financieros.

"Resumen del Criterio Operativo n.º 102/2020 sobre medidas y actuaciones de la Inspección de Trabajo y Seguridad Social relativas a situaciones derivadas del nuevo Coronavirus (SARS-CoV-2)

La propagación del nuevo coronavirus puede incidir de múltiples formas en la actividad laboral que se desarrolla en los centros de trabajo. Por esta razón, la Inspección de Trabajo y Seguridad Social (ITSS) ha establecido unos criterios de lo que debe ser su actuación cuando desarrolla sus funciones en el ámbito de la seguridad y salud en el trabajo, pero también respecto de las medidas preventivas que deben adoptar los propios funcionarios/as para evitar el contagio con ocasión de sus actuaciones en los centros de trabajo.

*A tal fin responde el **Criterio Operativo n.º 102/2020** que, con carácter de urgencia, ha dictado la Dirección del Organismo Estatal Inspección de Trabajo y Seguridad Social, documento en el que se recogen también las **actuaciones que deben seguir las empresas en materia laboral ante el nuevo coronavirus**, haciendo una distinción entre aquellas actividades en las que, por su propia naturaleza, la exposición al SARS-CoV-2 pueda constituir un riesgo profesional, de aquellas otras en las que su presencia en los centros de trabajo constituye una situación excepcional.*

Empresas en las que existen puestos de trabajo con riesgo de exposición profesional al SARS-CoV-2

– *Son aquellas en las que resulta de aplicación el Real Decreto 664/1997, de 12 de mayo, sobre la protección de los trabajadores contra los riesgos relacionados con la exposición a agentes biológicos durante el trabajo y que, además, se encuentran en una situación de riesgo por posible exposición al SARS-CoV-2.*

– *Principalmente, las dedicadas a servicios de asistencia sanitaria (comprendidos los desarrollados en aislamiento, traslados, labores de limpieza, cocina, eliminación de residuos, transporte sanitario, etc.), laboratorios y trabajos funerarios.*

- *Corresponde a estas empresas evaluar el riesgo de exposición al nuevo coronavirus y seguir las recomendaciones que sobre el particular emita el servicio de prevención, siguiendo además las pautas y recomendaciones formuladas por las autoridades sanitarias.*

- *Aunque son exigibles para el empresario la totalidad de obligaciones contenidas en el capítulo II del real decreto indicado, no es necesario, como exige el segundo párrafo del artículo 4.2, proceder a una nueva evaluación de riesgos cuando se haya detectado un contagio, pues su aplicación literal llevaría a una revisión de la evaluación cada vez que se produjera una infección o enfermedad, lo cual no parece razonable ni necesario.*

Empresas con puestos de trabajo que no implican riesgo de exposición profesional al SARS-CoV-2

- *Son aquellas en las que solo excepcionalmente se podría producir el contagio de trabajadores y trabajadoras en las mismas.*

- *El empresario debe adoptar obligatoriamente aquellas medidas preventivas que, en lo posible, eviten o disminuyan este riesgo, y que han sido acordadas y recomendadas por las autoridades sanitarias.*

- *Las distintas medidas de seguridad aprobadas por el Ministerio de Sanidad, y que puedan ser publicadas en lo sucesivo, tienen carácter obligatorio.*

- *Se deberán aplicar las medidas fijadas por Acuerdo de 9 de marzo de 2020 del Consejo Interterritorial del Sistema Nacional de Salud, para zonas con transmisión comunitaria significativa de coronavirus. Estas son:*

  * *Realización de teletrabajo siempre que sea posible.*

  * *Revisión y actualización de los planes de continuidad de la actividad laboral ante emergencias.*

  * *Flexibilidad horaria y plantear turnos escalonados para reducir las concentraciones de trabajadores.*

  * *Favorecer las reuniones por videoconferencia.*

  En cualquier caso, debe tenerse en cuenta que, de conformidad con el artículo 5 del Real Decreto-Ley 6/2020, de 10 de marzo, «al objeto de proteger la salud pública se considerarán, con carácter excepcional, situación asimilada a accidente de trabajo, exclusivamente para la prestación económica de incapacidad temporal del sistema de Seguridad Social, aquellos periodos de aislamiento o contagio de las personas trabajadoras provocadas por el virus COVID-19".

ACTUACIÓN DE LA INSPECCIÓN DE TRABAJO Y SEGURIDAD SOCIAL

En empresas en las que se desarrollan actividades en las que la infección por agentes biológicos puede constituir un riesgo profesional:

- *Aquí la ITSS actuará conforme a criterios comunes, vigilando el cumplimiento por la empresa de la normativa general en prevención de riesgos laborales y la específica referida a riesgos biológicos.*

En empresas en las que la presencia en los centros de trabajo del nuevo coronavirus constituye una situación excepcional.

– No es de aplicación el Real Decreto 664/1997, de 12 de mayo, sobre la protección de los trabajadores contra los riesgos relacionados con la exposición a agentes biológicos durante el trabajo.

– En respuesta a las denuncias o comunicaciones que pudieran presentarse, deberá procederse de la siguiente forma:

* Comprobar el cumplimiento de la normativa de prevención de riesgos laborales y, en particular, las especificadas en el anexo del Real Decreto 486/1997, de 14 de abril, sobre disposiciones mínimas de seguridad y salud en los lugares de trabajo (superficie libre de trabajo por persona trabajadora de 2 metros cuadrados, disposiciones sobre servicios higiénicos, orden y limpieza, etc.).

* Verificar la adopción de las medidas acordadas por las autoridades sanitarias, específicamente las referidas a los lugares y centros de trabajo. Entre otras, distancia interpersonal de 2 metros, equipos de protección individual, medidas de higiene personal y de desinfección de lugares y equipos de trabajos reutilizables, etc.

* Finalizadas las actuaciones comprobatorias se procederá con arreglo a lo siguiente:

    1. Si existen incumplimientos de la normativa de prevención de riesgos laborales, se procederá con arreglo a los criterios comunes.

    2. En el caso de que se constatasen incumplimientos de las medidas fijadas por las autoridades sanitarias, se procederá a informar a los responsables de la empresa de las medidas fijadas por las autoridades sanitarias y a advertir de la obligatoriedad de aplicarlas.

    En caso de mantenerse el incumplimiento, de conformidad con el artículo 11 de la Ley 31/1995, de 8 de noviembre, de prevención de riesgos laborales, se informará a las autoridades sanitarias competentes que podrán aplicar, en su caso, las medidas establecidas en la Ley 33/2011, de 4 de octubre, general de salud pública, y entre las que se encuentran «el cierre preventivo de las instalaciones, establecimientos, servicios e industrias», «la suspensión del ejercicio de actividades» así como la iniciación del correspondiente procedimiento sancionador.

    A efectos de la realización de las comprobaciones oportunas, y de considerarse necesario, los funcionarios de la ITSS podrán solicitar la colaboración que precisen de las Fuerzas y Cuerpos de Seguridad del Estado.

MEDIDAS PREVENTIVAS A ADOPTAR EN EL EJERCICIO DE LA ACTUACIÓN INSPECTORA

– Salvo que resulte necesario, se evitará la visita a centros de trabajo.

– Si se estima necesaria la realización de visita, se tendrán en cuenta los siguientes criterios:

* Procederá a adoptar las medidas de prevención y, en particular, de utilización de equipos de protección individual (EPI), determinadas en las recomendaciones de las autoridades sanitarias en función del nivel de riesgo.

* *Serán excluidos de estas visitas, los inspectores/as y subinspectores/as que, conforme a las indicaciones del Ministerio de Sanidad en cada momento, pertenezcan a grupos que parecen presentar mayor probabilidad de sufrir complicaciones, así como inspectoras y subinspectoras embarazadas o lactantes.*

En cualquier caso, los inspectores/as y subinspectores/as deberán:

* *Seguir las recomendaciones y medidas acordadas por las autoridades sanitarias y laborales para los centros de trabajo en general.*

* *En el caso de que se trate de centros de trabajo a los que sea de aplicación el Real Decreto 664/1997, y deban entrar en contacto con el personal que pueda estar más expuesto a enfermos de COVID-19, se adoptarán las medidas de prevención habituales en este tipo de centros, utilizándose los EPI, siguiendo en todo caso las recomendaciones sanitarias específicas para los centros con riesgo de exposición."*

Fuente:

https://www.laboral-social.com/resumen-criterio-operativo-102-2020-medidas-actuaciones-inspeccion-trabajo-seguridad-social-relativas-situaciones-derivadas-nuevo-coronavirus.html.

Publicado el 19/03/2020 - 15:35

Cuestiones

1. ¿Qué debemos entender por "riesgo laboral", "riesgo laboral grave e inminente" y por "procesos, actividades, operaciones, equipos o productos potencialmente peligrosos"?
2. ¿En qué ámbito resultan de aplicación la LPRL y sus normas de desarrollo?

Soluciones

Cuestión 1

El artículo 4 de la LPRL define los citados conceptos de la siguiente forma:

– Se entenderá como "riesgo laboral" la posibilidad de que un trabajador sufra un determinado daño derivado del trabajo. Para calificar un riesgo desde el punto de vista de su gravedad, se valorarán conjuntamente la probabilidad de que se produzca el daño y la severidad del mismo.

– Se entenderá como "riesgo laboral grave e inminente" aquel que resulte probable racionalmente que se materialice en un futuro inmediato y pueda suponer un daño grave para la salud de los trabajadores.

En el caso de exposición a agentes susceptibles de causar daños graves a la salud de los trabajadores, se considerará que existe un riesgo grave e inminente cuando sea probable racionalmente que se materialice en un futuro inmediato una exposición a dichos agentes de la que puedan derivarse daños graves para la salud, aun cuando estos no se manifiesten de forma inmediata.

– Se entenderán como "procesos, actividades, operaciones, equipos o productos potencialmente peligrosos" aquellos que, en ausencia de medidas preventivas específicas, originen riesgos para la seguridad y la salud de los trabajadores que los desarrollan o utilizan.

Cuestión 2

El artículo 3 de la LPRL regula el ámbito de aplicación de la ley y de sus normas de desarrollo, indicando que son de aplicación en los siguientes ámbitos:

– Relaciones laborales reguladas en el Texto Refundido de la Ley del Estatuto de los Trabajadores.

– Relaciones de carácter administrativo o estatutario del personal al servicio de las Administraciones Públicas, con las peculiaridades que se contemplan en la propia ley o en sus normas de desarrollo. (Ello sin perjuicio del cumplimiento de las obligaciones específicas que se establecen para fabricantes, importadores y suministradores, y de los derechos y obligaciones que puedan derivarse para los trabajadores autónomos).

– Sociedades cooperativas, constituidas de acuerdo con la legislación que les sea de aplicación, en las que existan socios cuya actividad consista en la prestación de un trabajo personal, con las peculiaridades derivadas de su normativa específica.

Por tanto la ley contempla algunas obligaciones específicas para fabricantes, importadores y suministradores; y también se derivan algunos derechos y obligaciones para los trabajadores autónomos.

La Ley 31/1995 no será de aplicación en aquellas actividades cuyas particularidades lo impidan en el ámbito de las funciones públicas de:

– Policía, seguridad y resguardo aduanero.

– Servicios operativos de protección civil y peritaje forense en los casos de grave riesgo, catástrofe y calamidad pública.

– Fuerzas Armadas y actividades militares de la Guardia Civil.

En los centros y establecimientos militares será de aplicación lo dispuesto por la Ley 31/1995, con las particularidades previstas en su normativa específica.

En los establecimientos penitenciarios, se adaptarán a la Ley 31/1995 aquellas actividades cuyas características justifiquen una regulación especial, lo que se llevará a efecto en los términos señalados en la Ley 7/1990, de 19 de julio, sobre negociación colectiva y participación en la determinación de las condiciones de trabajo de los empleados públicos.

El Sr. X acaba de constituir una empresa de carpintería metálica, denominada Forjados X e Hijos, S.L., que desarrollará su actividad íntegramente en un único centro de trabajo y cuenta con una plantilla de 12 trabajadores. Para comenzar dicha actividad, sus asesores le advierten, como Administrador de la misma que es, de la necesidad de cumplir con las obligaciones de prevención de riesgos laborales para con sus empleados.

Cuestiones

1. A la posibilidad de que un trabajador sufra un determinado daño derivado del trabajo se denomina:

a) Accidente de trabajo.
b) Enfermedad profesional.
c) Riesgo laboral.
d) Prevención de riesgos laborales.

2. La herramienta a través de la cual se integra la actividad preventiva de la empresa en su sistema general de gestión y se establece su política de prevención de riesgos laborales es:

a) El servicio de prevención.
b) La señalización de seguridad y salud en el trabajo.
c) El Plan de actuación laboral.
d) El Plan de prevención de riesgos laborales.

3. Dentro del plan preventivo de la empresa, el Sr. X deberá comenzar por realizar:

a) Revisiones médicas a los trabajadores.
b) Cursos formativos para los trabajadores.
c) Una evaluación inicial de los riesgos de la empresa.
d) Una planificación sanitaria-laboral.

4. Si del resultado de la evaluación de la actividad y puestos de trabajo de la empresa Forjados X e Hijos, S.L. ,se pusiera de manifiesto situaciones de riesgo para los trabajadores, el empresario deberá:

a) Suspender total o parcialmente la actividad.
b) Planificar la actividad preventiva.
c) Nombrar un delegado de prevención.
d) Contratar un servicio de prevención externo.

5. Conforme al tamaño y número de trabajadores de la empresa Forjados X e hijos, el plan de prevención de riesgos laborales, la evaluación de riesgos y la planificación de la actividad preventiva podrá hacerse:

a) De forma simplificada.
b) Con posterioridad al inicio de la actividad.
c) De forma generalizada para todas las empresas del mismo sector de actividad.
d) Todas las anteriores son ciertas.

6. Suponiendo que la respuesta correcta a la pregunta anterior fuese la a), la razón estriba en:

a) La actividad que se desarrolla en la empresa, que no puede considerarse de riesgo.
b) El número de centros de trabajo de que dispone la empresa, en este caso uno solo.
c) El número de trabajadores de la empresa.
d) Que se trata de una empresa recién constituida.

7. El Sr. X, para el cumplimiento de las obligaciones preventivas de la empresa, deberá elaborar y conservar, a disposición de la autoridad laboral:

a) Los controles del estado de salud de los trabajadores y conclusiones obtenidas de los mismos.
b) Relación de accidentes de trabajo y enfermedades, sean comunes o profesionales, que hayan causado al trabajador cualquier tipo de incapacidad laboral.
c) Los resultados de las consultas efectuadas a los trabajadores y delegado de prevención de la empresa.
d) Cualquiera de las anteriores.

8. Los trabajadores también están obligados a cumplir ciertas obligaciones, si bien no tendrá la consideración de incumplimiento laboral de los trabajadores en materia de prevención:

a) La falta de aprovechamiento de la formación ofrecida por el empresario.
b) La utilización incorrecta de los medios y equipos de protección facilitados por el empresario.
c) La falta de utilización de los equipos de seguridad existentes.
d) La ausencia de cooperación con el empresario en materia de prevención.

9. En cumplimiento del deber de protección, el empresario Forjados X e Hijos deberá garantizar la seguridad y la salud de los trabajadores, si bien no es necesario que:

a) Contrate un servicio sanitario adecuado a los accidentes históricamente sucedidos en la empresa.

b) Realice la evaluación de riesgos de la empresa.

c) Proceda a integrar la actividad preventiva en la empresa.

d) Establezca las medidas necesarias para la protección de la seguridad y la salud de los trabajadores.

10. Como quiera que una de las trabajadoras de Forjados X e Hijos, S.L. se encuentra embarazada, y de los resultados de la evaluación en materia de prevención, se ha revelado un riesgo para ella, el Sr. X deberá:

a) Finiquitar ese contrato con la indemnización correspondiente.

b) Reducir la jornada de la trabajadora o adaptar sus condiciones de trabajo y hasta la suspensión del contrato.

c) Destinarla a cualquier otro puesto de trabajo, y solicitar de la Seguridad Social la exención de pago por esta trabajadora.

d) Concederle la excedencia voluntaria con reserva del puesto de trabajo.

Soluciones

1. c) Riesgo laboral.

2. d) El Plan de prevención de riesgos laborales.

3. c) Una evaluación inicial de los riesgos de la empresa.

4. b) Planificar la actividad preventiva.

5. a) De forma simplificada.

6. c) El número de trabajadores de la empresa.

7. a) Los controles del estado de salud de los trabajadores y conclusiones obtenidas de los mismos.

8. a) La falta de aprovechamiento de la formación ofrecida por el empresario.

9. a) Contrate un servicio sanitario adecuado a los accidentes históricamente sucedidos en la empresa.

10. b) Reducir la jornada de la trabajadora o adaptar sus condiciones de trabajo y hasta la suspensión del contrato.

SUPUESTO N.º 15

Supuesto sobre máquinas reproductoras

1. **Un directivo de un organismo entrega a un subalterno una carpeta que contiene un documento grapado por el ángulo superior izquierdo de 25 hojas DIN-A4 escritas a una cara y le pide que saque 10 copias a dos caras en papel DIN-A4 de 90 gramos y que las prepare igualmente grapadas por el ángulo superior izquierdo. Para realizar el encargo, el subalterno cargará la fotocopiadora con papel de la siguiente medida:**

a) 148 x 105 mm.
b) 215 x 315 mm.
c) 297 x 210 mm.
d) 279,4 x 215,9 mm.

2. **Teniendo en cuenta la siguiente imagen delantera izquierda y delantera derecha de una fotocopiadora, los casetes donde se carga el papel para las fotocopias están identificados con el/los número/s:**

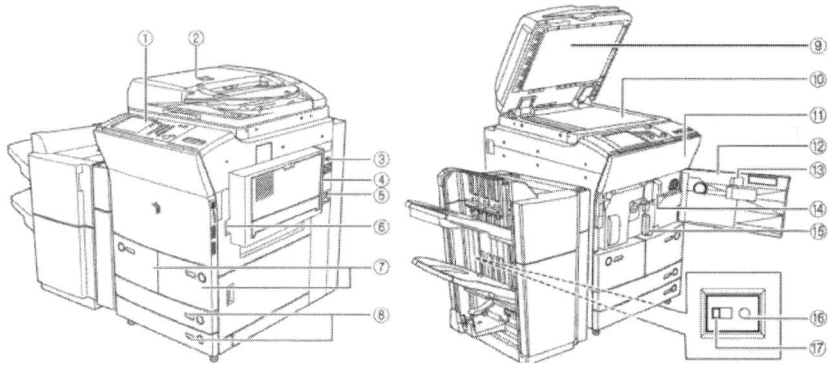

a) 2.
b) 7 y 8.
c) 12.
d) 4.

3. Si durante el funcionamiento de la fotocopiadora aparece iluminada la tecla de función número 4 significa que:

1		2		3		4		5		6		7		8	
9		10		11	1→2 CARAS	12		13		14		15		16	dcb.f cara

a) Se ha producido un atasco de papel.
b) La máquina se ha quedado sin papel.
c) La fotocopiadora se está quedando sin tóner.
d) El original tiene poco contraste.

4. Si la que se enciende es la tecla número 3 la máquina nos estará advirtiendo de que:

1		2		3		4		5		6		7		8	
9		10		11	1→2 CARAS	12		13		14		15		16	dcb.f cara

a) Se ha producido un atasco de papel.
b) La máquina se ha quedado sin papel.
c) La fotocopiadora se está quedando sin tóner.
d) El original tiene poco contraste.

5. En las siguientes imágenes de una fotocopiadora, ¿qué número indica el panel de control?

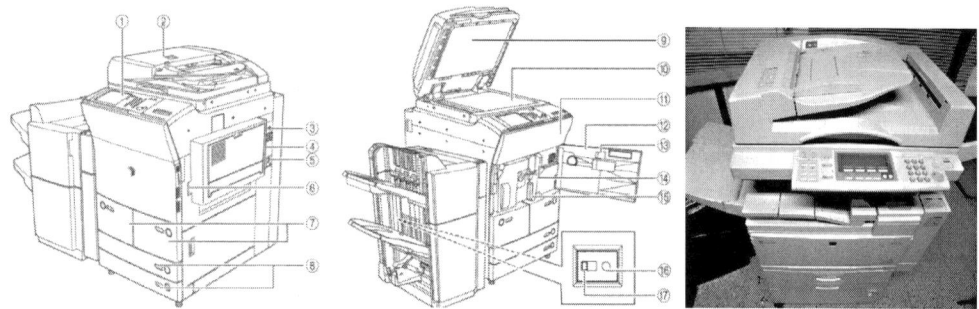

a) 1.
b) 8.
c) 10.
d) 2.

6. En la siguiente imagen que representa la pantalla táctil del panel de control de una fotocopiadora, el fotocopiado a doble cara se programa con la tecla identificada con el número:

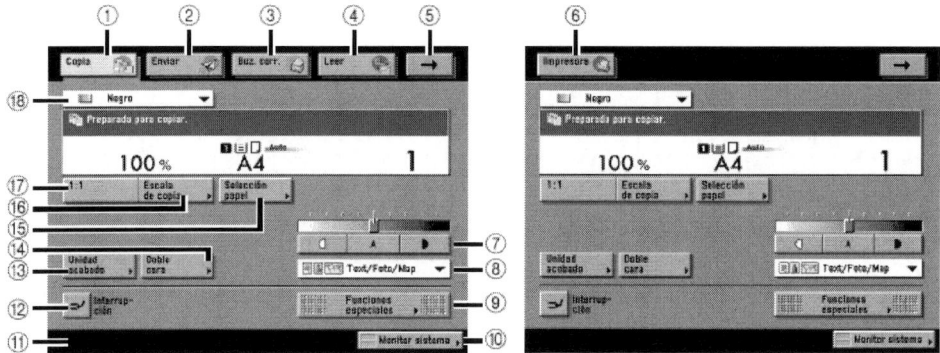

Pantalla de funciones básicas de copia

a) 1.
b) 4.
c) 14.
d) 16.

7. En la siguiente imagen de teclas de función de una fotocopiadora, identificamos el dibujo que indica que el original es a una cara y las copias a dos, con la que lleva el número:

a) 6.
b 12.
c) 16.
d) 11.

8. El formato de papel cuyo tamaño es justo el resultado de doblar por la mitad más larga un DIN-A4 es el DIN:

a) A2.
b) A3.
c) B4.
d) A5.

9. Teniendo por delante la imagen que representa el panel de control de la fotocopiadora, ¿cómo ha de proceder el operario si selecciona 11 copias cuando quería seleccionar 10?

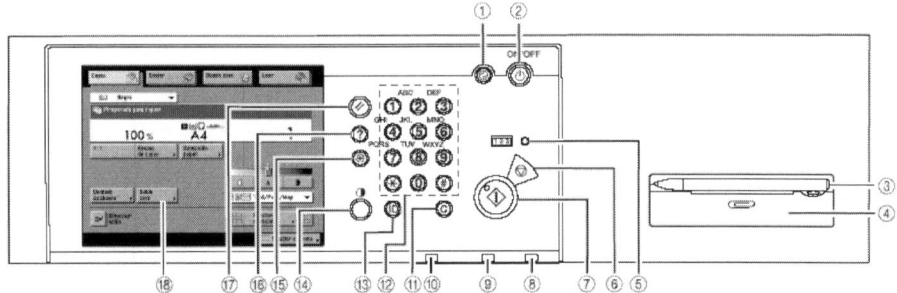

a) Lo mejor es pulsar la tecla de inicio (identificada con el número 7), dejar que la máquina haga las 11 copias y tirar a la basura una de ellas.

b) Darle a la tecla de inicio y dejar que la máquina empiece a hacer las copias indicadas. En el momento que salga la última hoja de la copia 10, el subalterno pulsará la tecla de detener (identificada con el número 6) antes de que arrastre la primera hoja correspondiente a la copia 11.

c) Reiniciará pulsando la tecla identificada con el número 17 y volverá a incluir todos los datos referidos al encargo con cuidado de no volver a equivocarse.

d) Simplemente pulsará la tecla de borrar (identificada en la figura con el número 11), con lo que se borrará la última cifra marcada (1) y, en su lugar, tecleará el 0. La máquina entenderá que ha de efectuar 10 copias.

10. Un directivo de un organismo entrega a un subalterno una carpeta que contiene un documento grapado por el ángulo superior izquierdo de 25 hojas DIN-A4 escritas a una cara y le pide que saque 10 copias a dos caras en papel DIN-A4 de 90 gramos y que las prepare igualmente grapadas por el ángulo superior izquierdo. ¿Cuántas hojas de papel DIN-A4 necesitará el subalterno para hacer el encargo?

a) 130.
b) 125.
c) 250.
d) 500.

11. En la fotocopiadora, si el subalterno utiliza la escala de ampliación del 200 %, significa que:

a) Amplía el tamaño de la copia en su totalidad 200 veces.
b) Amplía el doble el tamaño de la copia en su totalidad.
c) Amplía el tamaño de la copia en su anchura 200 veces.
d) Amplía la resolución de la copia 200 veces.

12. Un subalterno debe hacer en tamaño folio 50 copias a una cara de un documento de 10 páginas. En una estantería cuenta con paquetes de papel de diversas medidas. ¿Cuál es el que debe emplear para esta tarea?

a) 256 mm x 364 mm.
b) 355,6 mm x 219,9 mm.
c) 215 mm x 315 mm.
d) 210 mm x 297 mm.

13. En la siguiente imagen de un fax, ¿qué parte se identifica con el número 4?

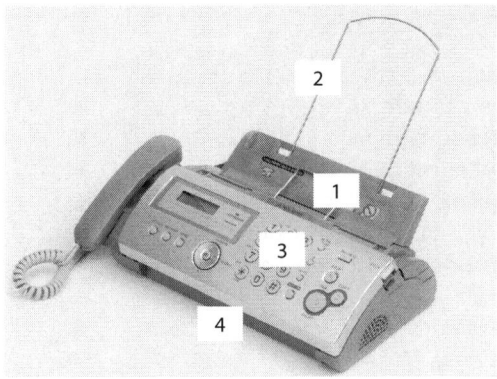

a) Soporte para los documentos a enviar.
b) Guías de ajuste del papel.
c) Salida de documentos leídos.
d) Bandeja de salida del papel enviado.

14. En la imagen del panel de control del fax, ¿con qué número están señaladas las teclas numéricas que se utilizan para marcar los números de teléfono?

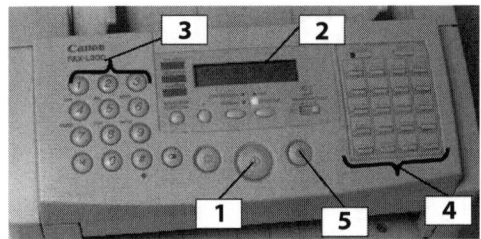

Componente n.º
1
2
3
4
5

a) 1.
b) 2.
c) 3.
d) 4.

15. ¿Qué tecla del panel de control de la fotocopiadora deberá utilizar el subalterno para conseguir un mayor contraste en la copia?

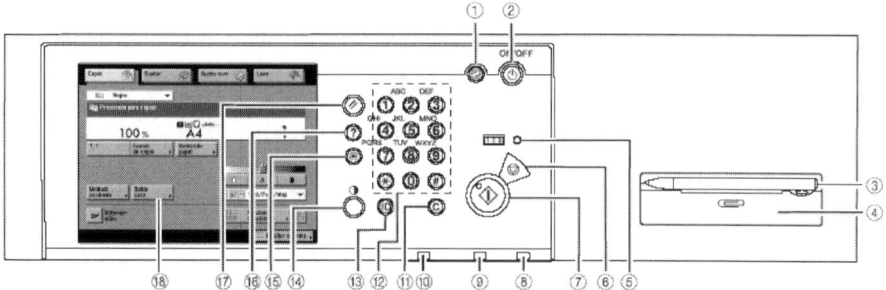

a) La señalada con el número 7.
b) La señalada con el número 6.
c) La señalada con el número 17.
d) La señalada con el número 14.

16. Si un subalterno debe emplear para un encargo papel con formato A4 de 80 gramos, ¿qué significa?

a) Que cada página pesa 80 gramos.
b) Que una resma de ese papel pesa 80 gramos.
c) Que un metro cuadrado de ese papel pesa 80 gramos.
d) Que un cuadernillo estándar de ese papel pesa 80 gramos.

17. Si el subalterno tuviera que cambiar el tóner del fax, después de extraer el viejo sacaría uno nuevo de su bolsa protectora y antes de introducirlo en su lugar correspondiente:

a) Agitará enérgicamente el cartucho varias veces.
b) Lo dejará unos minutos al aire libre para que se airee.
c) Limpiará con alcohol los rieles por los que se desliza el tóner.
d) Tendrá que avisar rápidamente al servicio técnico para que cambie el tóner lo antes posible.

18. Si el subalterno pulsa la tecla "reiniciar" del panel de la fotocopiadora:

a) La máquina descontará las copias hechas y volverá a contabilizar desde la copia 1.
b) La máquina eliminará la configuración de las copias realizadas anteriormente volviendo a la configuración por defecto.
c) La máquina repetirá la tarea con la misma configuración de las copias realizadas con anterioridad.
d) La máquina se apagará y encenderá automáticamente.

19. Al área de reprografía de un organismo llega un empleado con su correspondiente acreditación y le encarga al subalterno una fotocopia de una fotografía en blanco y negro. La fotografía es de tamaño 9 x 12 cm, pero la persona que realiza el encargo desea que la amplíe para que ocupe el máximo de un DIN-A5. ¿A qué es similar ese formato?

a) A una tarjeta de visita.
b) Al folio tradicional.
c) Al oficio.
d) A la cuartilla tradicional.

20. Al área de reprografía de un organismo llega un empleado con su correspondiente acreditación y le encarga al subalterno una fotocopia de una fotografía en blanco y negro. La fotografía es de tamaño 9 x 12 cm, pero la persona que realiza el encargo desea que la amplíe para que ocupe el máximo de un DIN-A5. ¿Cuál de las siguientes ampliaciones es la más adecuada seleccionar en el panel de control de la fotocopiadora?

a) 100 %.
b) 150 %.
c) 200 %.
d) 300 %.

21. ¿Cuál de las siguientes condiciones ambientales está dentro de lo recomendable para una buena conservación del papel almacenado?

a) 10 ºC.
b) 30 % de humedad relativa.
c) 30 ºC.
d) 45-60 % de humedad relativa.

Solución supuesto n.º 15

1. c) 297 x 210 mm.

Las medidas del formato A4 son 297 x 210 mm. Es el tamaño de papel de uso más corriente en la vida diaria.

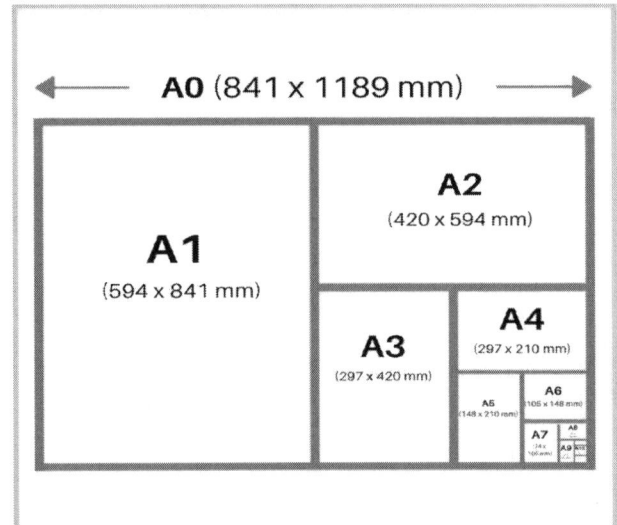

2. b) 7 y 8.

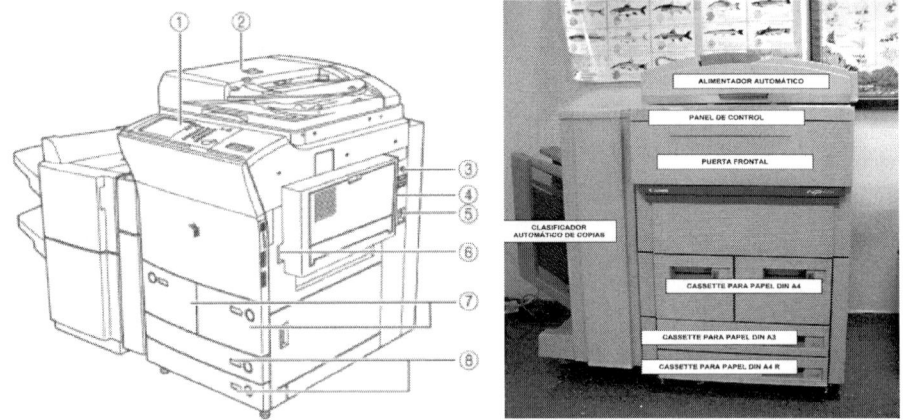

3. a) Se ha producido un atasco de papel.

La imagen número 4 de la ilustración indica que hay papel atascado en algún componente de la fotocopiadora. Hasta que no desaparezca el atasco, no podremos continuar haciendo copias.

4. c) La fotocopiadora se está quedando sin tóner.

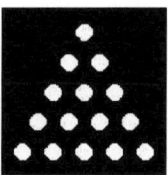

Esta imagen es un aviso que nos indica que debemos reponer tóner a la máquina. No implica que no pueda hacer fotocopias, sino que debe rellenarse pues se terminará próximamente.

5. a) 1.

El panel de control es uno de los elementos básicos de las fotocopiadoras. Puede ser de varios tipos:

– Mediante botones que son pulsados para seleccionar las distintas funciones.

– Mediante un monitor situado sobre la fotocopiadora donde aparecen las distintas funciones seleccionadas.

– Mediante una pantalla táctil.

En cualquier caso, la forma de hacerla operar y las distintas teclas tienen una simbología idéntica, lo que facilita la rápida adaptación de una máquina a otra en caso de cambios.

6. c) 14.

La opción "doble cara" permite hacer copias, como su nombre indica, a partir de originales de una sola cara.

7. d) 11.

La opción "doble cara" permite hacer copias, como su nombre indica, a partir de originales de una sola cara.

8. d) A5.

El formato de papel A5 tiene unas dimensiones de 148 mm x 210 mm. Es el tamaño similar a la cuartilla tradicional.

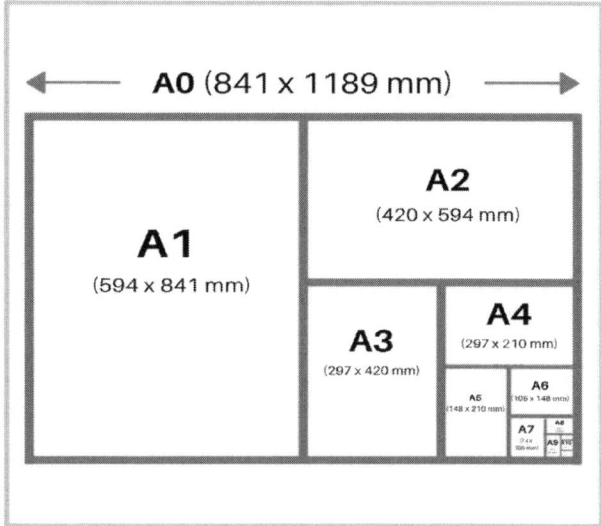

9. d) Simplemente pulsará la tecla de borrar (identificada en la figura con el número 11), con lo que se borrará la última cifra marcada (1) y, en su lugar, tecleará el 0. La máquina entenderá que ha de efectuar 10 copias.

La tecla "borrar" se pulsa para poner a uno el número de copias o para borrar un valor incorrecto introducido al establecer un modo de copia.

10. a) 130.

25 hojas a una cara suponen 13 a doble cara (aunque una quede en blanco). Como al subalterno se le piden 10 copias, 13 por 10 hacen un total de 130 hojas.

11. b) Amplía el doble el tamaño de la copia en su totalidad.

El panel de control de las fotocopiadoras de oficina y de las profesionales nos permite ampliar o reducir la copia que vayamos a imprimir. Habitualmente estas fotocopiadoras pueden trabajar tanto a tamaño 1:1, como reducir o ampliar las copias que se desean entre márgenes que suelen oscilar en cuanto a la reducción al 50 % (la mitad) y en cuanto a la ampliación al 200 % (el doble) dependiendo en todo caso de la máquina que se utilice.

12. c) 215 mm x 315 mm.

El formato de papel llamado "folio" tiene unas medidas de 215 mm x 315 mm. A día de hoy su uso es bastante reducido, ya que el formato A4 (210 x 297) ha venido a sustituirlo en el uso cotidiano.

13. c) Salida de documentos leídos.

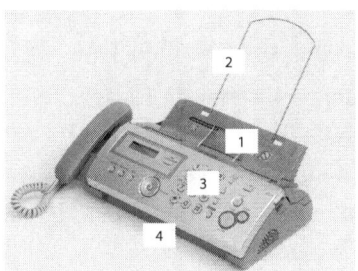

14. c) 3.

Las teclas numéricas se encuentran en el panel de control del fax y se utilizan para marcar los números de teléfono y para introducir texto, números y símbolos al registrar nombres y números en la memoria.

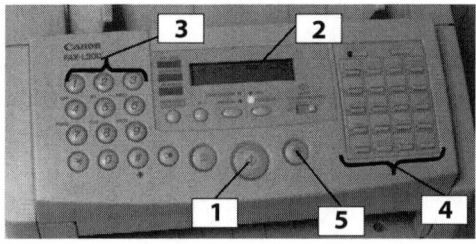

Componente n.º
1
2
3
4
5

15. d) La señalada con el número 14.

Esta imagen identifica al mando de contraste de la pantalla. A través de esta función se ajusta el contraste de la impresión a través de la pantalla táctil.

16. c) Que un metro cuadrado de ese papel pesa 80 gramos.

El peso de papel en países que usan tamaños de papel estandarizado ISO es definido en términos de gramaje. El estándar ISO define gramaje como los gramos por metro cuadrado (g/m²) de papel. Ya que la superficie de una hoja de papel de A0 es de 1 metro cuadrado, el peso de esa hoja determinará el gramaje de ese papel. Así, si hablamos de un papel cuyo gramaje es 80 gramos, nos estamos refiriendo a que una hoja de ese papel con un formato A0, pesa 80 gramos.

17. a) Agitará enérgicamente el cartucho varias veces.

Los pasos para sustituir el cartucho de tóner son los siguientes:

1. Sin que haya documentos pendientes de envío, ni de recogida, levantar la tapa superior cogiéndola por ambos lados.

2. Sacar el cartucho de tóner usado tirando de la "pestaña" que posee.

3. Sacar el nuevo cartucho de tóner de su bolsa protectora, que debe permanecer cerrada hasta ese momento.

4. Girar enérgicamente el cartucho de un lado a otro unas cinco o seis veces. De esta forma conseguiremos mover el tóner del interior del cartucho evitando que permanezca apelmazado.

18. b) La máquina eliminará la configuración de las copias realizadas anteriormente volviendo a la configuración por defecto.

La tecla para reiniciar se pulsa para hacer que la copiadora regrese al modo estándar de copia, olvidándose de las opciones que hubiéramos seleccionado anteriormente.

19. d) A la cuartilla tradicional.

El formato DIN-A5, con un tamaño de 210 x 148 mm y una superficie de 0,03 m², es el tamaño similar a la cuartilla tradicional.

20. b) 150 %.

De las opciones de respuesta que ofrece la pregunta, teniendo en cuenta que se pretende una ampliación de la fotografía de 9 x 12 que no exceda de un formato DIN-A5, la única opción posible es la b) 150 %. Dejar la impresión al 100 % implica que la copia tendrá el mismo tamaño que el original, es decir, 9 x 12 centímetros. Las opciones de ampliar al 200 % o al 300 % (el doble o el triple del formato original) no son viables, ya que en ambos casos excederían al tamaño del papel con formato A5 (148 x 210 mm). Con la ampliación al 200 % se obtendría una imagen de 180 x 240 mm y con la del 300 % de 270 x 360 mm.

21. d) 45-60 % de humedad relativa.

El papel es un material sensible a diversos factores ambientales que pueden deteriorarlo, como por ejemplo la luz, que actúa sobre la lignina de los papeles fabricados con pasta de madera y los oscurece, o la humedad, que es un catalizador químico que provoca reacciones indeseadas. Para garantizar una vida más larga del papel, conviene almacenarlo en un lugar que mantenga las siguientes condiciones ambientales:

- Temperatura: entre 18 y 21 ºC.

- Humedad relativa: 45-60 %.

- Lux: preferentemente debe ser de menos de 100; esto implica que no haya demasiada luz en el lugar donde el papel sea utilizado una vez que se le retira el envoltorio protector. El papel no debe exponerse directamente al sol.

- Ausencia de contaminación ambiental. El papel no debe exponerse al polvo.

Supuesto sobre precedencias y preparación de reuniones

Un Subalterno es designado para colaborar con un Técnico especializado en Protocolo en la preparación de distintos eventos que van a tener lugar durante las próximas semanas en las instalaciones del edificio en el que trabaja. Su misión fundamentalmente radicará en la disposición adecuada del mobiliario, motivos protocolarios y medios audiovisuales necesarios, así como procurar que las salas de reuniones se encuentren en el momento de su uso en perfectas condiciones de luz, temperatura, megafonía. También se ocupará de tener siempre a mano los materiales necesarios para el adecuado uso de los medios audiovisuales, como son tizas, rotuladores, borradores,...., y también alargaderas, regletas, cables de sonido, etc.

En el primer acto deberá tener en cuenta que se trata de un acto de carácter general al que asistirán, e intervendrán, el alcalde, el Presidente de la Comunidad Autónoma y el Rector de la Universidad, además del titular de la Consejería que ocupa el edificio que organiza el acto, y que actúa, por tanto, como anfitrión cediendo la Presidencia del acto al Presidente de la Comunidad Autónoma. En un lugar destacado del escenario deberán colocarse las banderas del Estado, de la Comunidad Autónoma y de la ciudad. En el centro del escenario deberá prepararse una Mesa en la que figurarán las cuatro autoridades presentes.

A los pocos días de este primer acto, el Centro volverá a su dinámica de eventos, que incluye la organización de jornadas, seminarios, foros, debates, conferencias y talleres; por lo que el Subalterno estará ocupado en la preparación de las salas y de los materiales a utilizar.

Contestar a las siguientes preguntas:

Cuestiones

1. Para preparar la mesa del primer acto previsto, el Subalterno debe tener en cuenta que las autoridades ocuparán el siguiente orden, visto de frente y de izquierda a derecha:

a) Alcalde, Consejero, Rector, Presidente de la C.A.
b) Alcalde, Consejero, Presidente de la C.A., Rector.

c) Consejero, Alcalde, Rector, Presidente de la C.A.
d) Rector, Presidente de la C.A., Consejero, Alcalde.

2. Vistas, también, de frente y de izquierda a derecha, ¿cómo debe colocar las banderas?

a) Estado, Comunidad Autónoma, Ciudad.
b) Ciudad, Comunidad Autónoma, Estado.
c) Ciudad, Estado, Comunidad Autónoma.
d) Comunidad Autónoma, Estado, Ciudad.

3. ¿Con qué tratamiento se menciona al Rector de la Universidad?

a) Ilustrísimo Sr. Don……Rector de la Universidad de….
b) Excelentísimo Rector de la Universidad de……Sr. Don…..
c) Excelentísimo Sr. Don……Rector Magnífico de la Universidad de……
d) Ilustrísimo Rector Magnífico de la Universidad de……Sr. Don……

4. Si el municipio es capital de provincia y tiene una población menor de 100.000 habitantes, el tratamiento del Alcalde será de:

a) Excelencia.
b) Ilustrísimo.
c) Señoría.
d) Honorable.

5. En relación a las banderas a utilizar en el primer acto programado, es preceptivo que:

a) La bandera del Estado deberá tener mayor tamaño que las otras dos.
b) Las tres banderas deben tener el mismo tamaño.
c) El tamaño de las banderas no importa, se utilizarán aquellas con las que cuente la institución sean del tamaño que sean.
d) La bandera del Estado no podrá ser menor que cualquiera de las otras dos.

6. Sin perjuicio de otro tratamiento histórico que le pudiera corresponder, el Presidente de la Comunidad Autónoma tiene tratamiento de:

a) Excelentísimo.
b) Ilustrísimo.
c) Señoría.
d) Su Excelencia.

7. En relación al tratamiento del Consejero de la Comunidad Autónoma:

a) Será siempre el de excelentísimo.
b) Será siempre el de ilustrísimo.

207

c) Según la Comunidad Autónoma, puede ser Excelentísimo o Molt Honorable Sr.

d) Según la Comunidad Autónoma, puede ser Excelentísimo, Molt Honorable Sr., Ilustrísimo u Honorable Sr.

8. Si la autoridad que organiza el acto no lo preside, como es el caso, entonces:

a) Ocupará lugar inmediato a la presidencia.

b) Ocupará el lugar que le corresponda entre el resto de autoridades según su rango.

c) Ocupará el extremo derecho de la mesa.

d) Se ubicará siempre a la derecha del presidente, sea par o impar el número de autoridades.

9. Que se trate de un acto de carácter general, significa que:

a) No tiene carácter oficial.

b) Está organizado por una determinada institución, organismo o autoridad, con ocasión de una conmemoración o acontecimiento propio del ámbito específico de sus respectivos servicios, funciones y actividades.

c) Se organiza con ocasión de una conmemoración o acontecimiento nacional, de la autonomía, provincial o local.

d) La precedencia del acto se determinará por quien lo organiza.

10. Si la mayor precedencia la ostenta el representante del territorio en que se ubica el acto, se está utilizando el criterio de:

a) Jurisdiccionalidad.

b) Representatividad.

c) Responsabilidad.

d) Sentido común.

11. El Subalterno que prepara la sala para la celebración de una jornada, ha de saber que ésta consiste en:

a) Una reunión para el inicio de una actividad o de un acontecimiento interno importante para la institución.

b) Una reunión de un grupo de expertos en una materia que expondrán ante el público, de manera sucesiva, sus ideas y conocimientos, ofreciendo todos una visión completa del asunto en cuestión.

c) Una reunión con una duración de un día para sacar novedades de un sector profesional concreto y tratar temas de interés. Ceñido a unas características reglamentadas y un trabajo sistematizado.

d) Una reunión en que un reconocido profesional informa a un público cualificado de su experiencia o técnicas novedosas mediante charlas y demostraciones prácticas.

12. Cuando hablamos de una reunión asistida por un coordinador o moderador, de no más de 15 personas, para discutir grupal e informalmente sobre un tema determinado, en no más de 60 minutos, nos estamos refiriendo a la celebración de:

a) Un foro.
b) Un debate.
c) Un plenario.
d) Un coloquio.

13. Una reunión para enseñar sobre algún tema educativo, un oficio o un trabajo de manera manual o práctica, es:

a) Un taller.
b) Un simposio.
c) Un panel.
d) Una mesa redonda.

14. Un evento consistente en una serie de sesiones de trabajo colectivo de un experto con un grupo reducido de especialistas o investigadores (en fase de perfeccionamiento) para estudiar intensivamente, analizar o enriquecer un asunto determinado, lo denominaríamos:

a) Simposio.
b) Convención.
c) Seminario.
d) Taller.

15. La siguiente disposición del auditorio es la más adecuada para:

$$\frac{C}{\boxed{X}}$$

———————————————
———————————————
———————————————
———————————————

a) Conferencia.
b) Taller.
c) Panel.
d) Debate.

16. La disposición del auditorio que representa la siguiente ilustración es la más adecuada para trabajo de carácter informal con grupos pequeños. Esta disposición se conoce como:

a) Sala de Juntas.
b) Herradura.
c) Cabaret.
d) Teatro.

17. ¿Qué nombre recibe la disposición de asistentes alrededor de una mesa que representa la ilustración?

a) Sistema lineal.
b) Sistema cartesiano.
c) Sistema del reloj.
d) Sistema de doble espejo.

18. ¿Cómo se denomina la disposición de presidencias representada en la siguiente ilustración?

1ª PRESIDENCIA

2ª PRESIDENCIA

PUERTA DE ACCESO

a) Presidencia francesa.
b) Presidencia inglesa.

c) Presidencia americana.
d) Presidencia clásica.

19. Si se informa al Subalterno de la utilización de una técnica audiovisual que consiste en la proyección de una serie de diapositivas en sincronización con el sonido, entenderá que se está refiriendo a:

a) La videoproyección.
b) La proyección de opacos.
c) El diaporama.
d) La pizarra digital.

20. El Subalterno, para calcular el número de altavoces a colocar en una sala cerrada, observa que la distancia entre un plano imaginario situado en el oído de los oyentes y el techo es de unos 3 metros; por lo tanto, la distancia ideal entre altavoces será de unos:

a) 3 metros.
b) 6 metros.
c) 12 metros.
d) 15 metros.

Solución al supuesto n.º 16

1. b) Alcalde, Consejero, Presidente de la C.A., Rector.

El orden de preferencia de autoridades se ajustará a las siguientes reglas:

a) Los actos serán presididos por la autoridad que los organice. En caso de que dicha autoridad no ostentase la presidencia, ocupará lugar inmediato a la misma.

b) La distribución de los puestos de las demás autoridades se hará según las precedencias que regula el presente Ordenamiento, alternándose a derecha e izquierda del lugar ocupado por la presidencia.

c) Si concurrieran varias personas del mismo rango y orden de precedencia, prevalecerá siempre la de la propia residencia.

d) La persona que represente en su cargo a una autoridad superior a la de su propio rango no gozará de la precedencia reconocida a la autoridad que representa y ocupará el lugar que le corresponda por su propio rango, salvo que ostente expresamente la representación de Su Majestad el Rey o del Presidente del Gobierno.

e) Los Presidentes de Consejos de Gobierno de las Comunidades Autónomas se ordenarán de acuerdo con la antigüedad de la publicación oficial del correspondiente Estatuto de Autonomía.

2. d) Comunidad Autónoma, Estado, Ciudad.

Cuando la bandera española va acompañada de otras, la bandera de las Comunidades irá inmediatamente después de la española. Cuando el número de banderas sea impar, a la derecha de la nacional (izquierda del observador); cuando el número de banderas sea par, a su izquierda (derecha del observador).

Las banderas descritas, las provincias y los municipios cuentan también con banderas propias que tienen, igualmente, la consideración de banderas oficiales.

3. c) Excelentísimo Sr. Don......Rector Magnífico de la Universidad de......

Corresponde entre otras autoridades el tratamiento de Excelentísimo Señor (Excmo. Sr.) en el ámbito de las Universidades a los Rectores (se escribe: Excmo. Sr. D...., Rector Magnífico de la Universidad de...) y Vicerrectores.

4. a) Excelencia.

Ley 7/1985, de 2 de abril, Reguladora de las Bases del Régimen Local, artículo 124º.3 señala (refiriéndose a los municipios de gran población) que el Alcalde tendrá el tratamiento de Excelencia.

En este caso, entendemos que, al ser capital de provincia y tener menos de 100.000 habitantes, su Asamblea legislativa ha decidido considerar al municipio como de gran población. (De no haberse tomado esta decisión, el Alcalde tendría el tratamiento de Ilustrísimo Señor).

5. d) La bandera del Estado no podrá ser menor que cualquiera de las otras dos.

Cuando se utilice la bandera de España ocupará siempre lugar destacado, visible y de honor; si junto a ella se utilizan otras banderas, la de España ocupará lugar preeminente y de máximo honor y las restantes no podrán tener mayor tamaño.

6. a) Excelentísimo.

Corresponde entre otras autoridades el tratamiento de Excelentísimo Señor (Excmo. Sr.) en el ámbito de las Comunidades Autónomas a los Presidentes de las Comunidades Autónomas, a excepción de las de Cataluña, Baleares y Valencia, que tienen el de "Molt Honorable Sr."

7. d) Según la Comunidad Autónoma, puede ser Excelentísimo, Molt Honorable Sr., Ilustrísimo u Honorable Sr.

Corresponde entre otras autoridades el tratamiento de Tratamiento de Ilustrísimo Señor (Ilmo. Sr.) a los Consejeros de Gobierno de las Comunidades Autónomas, a excepción de las de Galicia y País Vasco que usan el de Excmo. Sr., y Cataluña, Valencia y Baleares que usan el de Honorable Sr.

8. a) Ocupará lugar inmediato a la presidencia.

El orden de preferencia de autoridades se ajustará entre otras a la siguiente regla:

a) Los actos serán presididos por la autoridad que los organice. En caso de que dicha autoridad no ostentase la presidencia, ocupará lugar inmediato a la misma.

9. c) Se organiza con ocasión de una conmemoración o acontecimiento nacional, de la autonomía, provincial o local.

Son actos de carácter general, los que se organicen con ocasión de conmemoraciones o acontecimientos nacionales, de las autonomías, provinciales o locales.

10. a) Jurisdiccionalidad.

Entre los criterios de precedencia, el criterio de jurisdiccionalidad hace referencia a que la mayor precedencia la ostenta el representante del territorio en que se ubica el acto.

11. c) Una reunión con una duración de un día para sacar novedades de un sector profesional concreto y tratar temas de interés. Ceñido a unas características reglamentadas y un trabajo sistematizado.

Dentro de los tipos de eventos que pueden darse, el Congreso consiste en una reunión de varias personas de un sector profesional promovida habitualmente por una empresa, asociación o institución, con la finalidad de sacar novedades dentro del sector y tratar temas de interés; por lo general programado cada dos años.

El congreso se ciñe a unas características reglamentadas y un trabajo sistematizado.

Suele constar de tres partes: ponencias, debate y conclusiones.

12. b) Un debate.

Dentro de los tipos de eventos que pueden darse, el Debate es una reunión asistida por un coordinador o moderador, de no más de 15 personas (para que resulte productiva), para discutir grupal e informalmente sobre un tema determinado. La duración no debe superar los 60 minutos.

13. a) Un taller.

Dentro de los tipos de eventos que pueden darse, el Taller es una reunión para enseñar sobre algún tema educativo, un oficio o un trabajo de manera manual o práctica.

14. c) Seminario.

Dentro de los tipos de eventos que pueden darse, el Seminario consiste en una serie de sesiones de trabajo colectivo de un experto con un grupo reducido de especialistas o investigadores (en fase de perfeccionamiento) para estudiar intensivamente, analizar o enriquecer un asunto ya determinado, programado y dirigido por una personalidad del ámbito académico experta en la materia.

Concluye con la elaboración de un informe final que es expuesto por un relator.

15. a) Conferencia.

Existen distintas posibilidades de distribución del auditorio en función del tipo de reunión, la distribución de la imagen es la más apropiada para la Conferencia es una reunión en que un experto realiza una exposición sobre un tema específico con cierto grado de complejidad y profundidad, dirigida a personas con conocimientos previos en la materia.

16. c) Cabaret.

Existen distintas posibilidades de distribución del auditorio en función del tipo de reunión, la distribución de la imagen es la más apropiada para el Cabaret que es apropiada para trabajo con grupos pequeños. Es informal y puede ser difícil centrar la atención.

17. d) Sistema de doble espejo.

Entre las posibilidades de colocación de los asistentes en una mesa de reunión, la de la imagen se corresponde con el sistema de doble espejo que es un sistema prácticamente idéntico al de cabecera única para arbitraje pero en el que se sitúa frente a frente a los representantes del mismo nivel para facilitar las conversaciones.

18. b) Presidencia inglesa.

Entre las posibilidades de colocación de los asistentes en una mesa de reunión, la de la imagen se corresponde con la Presidencia inglesa en el que las presidencias se ubican en los extremos de la mesa. El anfitrión y el invitado de honor están tan alejados que cada uno crea un polo de conversación independiente. Los invitados de menor rango se ubican en el centro de la mesa y los de mayor rango, más próximos a las presidencias.

Una vez definido el formato de presidencia de la reunión se procede a la colocación de invitados (o participantes) alrededor de la mesa. Existen diferentes sistemas de ordenación.

19. c) El diaporama.

El diaporama es una técnica audiovisual que consiste en la proyección de una serie de diapositivas en sincronización con el sonido. La proyección de un diaporama necesita oscurecer totalmente el aula, asimismo, requiere un magnetófono con grabador de impulsos para sincronizar el paso de las diapositivas.

20. b) 6 metros.

Para calcular el número de altavoces a colocar en una sala cerrada, se puede considerar como norma general que la distancia entre altavoces debe ser el doble de la altura que hay entre un plano imaginario situado en el oído de los oyentes y el techo. La colocación en el techo podrá ser en zigzag o en una malla rectangular.

Cómo acceder al Curso

Subalterno/a
Test del temario y supuestos prácticos

El uso de los códigos **es exclusivo de los compradores de los productos de Editorial MAD**. Cada producto posee un código único y de un solo uso. Es personal e intransferible y da acceso a servicios y contenidos adicionales. Editorial MAD se reserva el derecho de hacer cuantas comprobaciones sean necesarias para identificar al legítimo poseedor del código y dejar de dar servicio a quien haga uso fraudulento del mismo, además de emprender cuantas acciones legales estime oportunas según la legislación vigente.

Deberás acceder a:

mad.es/registro-campus

Si una vez aceptadas las condiciones de uso del Campus decides hacer uso del mismo, necesitarás del siguiente código de acceso junto con los códigos del resto de títulos que se exigen (si fuera el caso):

SE41PWHXZ9